天调原汤

鸡肉原汤　牛肉原汤　菌汤底料　纯鸡油

天然调味料专业制造商　餐饮汤底标准化定制专家

天调生物科技有限公司是中国纯鸡肉粉龙头企业、国家科技进步二等奖及出口食品认证企业，首家纯鸡肉粉、纯鸡油、鸡肉原汤生产商，是一家国际知名鸡精、鸡粉、鸡汁调味品企业及餐饮企业供应商，专门将优质的鸡、牛、菌原料，用烹饪技术及现代生物技术制成原汁原味、品质稳定的纯鸡肉粉、纯鸡油、鸡肉原汤、牛肉原汤、菌汤底料等产品。经过多年的不懈努力，成功铸就了调味品及餐饮行业的知名品牌——"天调"，目前公司与国内众多的调味品企业、火锅连锁、中式连锁餐饮、日式拉面连锁、过桥米线连锁和著名食品加工企业建立了战略合作伙伴关系。

- 达到GMP标准的天调工业园
- 拥有领先的鸡肉原汤专利技术和设备 
- 西门子全自动智能化鸡肉原汤生产线 
- 中国工程院院士孙宝国教授鼓励天调发挥龙头企业作用，加强技术创新 

公司注册资金1000万元，年产10000吨鸡肉（牛、菌）天然调味料，在国内纯鸡肉粉领域占有30%以上的加工能力和市场份额，是纯鸡肉粉、纯鸡油、鸡肉原汤出口食品、ISO9001、ISO22000三认证企业，在国内同行业中，始终保持技术领先优势。天调拥有水相萃取汤中抽出、鸡鲜肽等多项高科技成果专利技术，在东莞CBD建有500平方米技术研发中心，由获得国家科技进步二等奖的专家组成的业内资深的技术性管理团队进行研发。

天调秉承"安全、稳定、便捷、美味"理念，针对餐饮行业开发了原汤为核心的系列产品，已初步形成了包括工业用户和餐饮行业用户在内的天然调味料产业整体发展构架，为中国调味品行业及餐饮行业提供"原汁原味"的天然调味料，天调注重与客户的共同发展，关心客户需求，以"专业服务，合作共赢"为宗旨，为越来越多的合作伙伴提供具有竞争力的产品和服务。

- 国家科技进步二等奖食品专家团队研发
- 湖南省专精特新"小巨人"企业 
- 出口食品认证企业 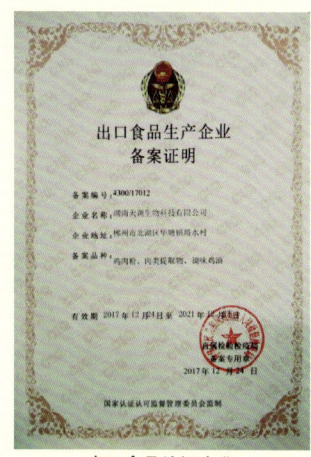
- 湖南省著名商标 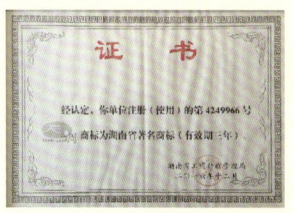
- 国家高新技术企业 

湖南天调生物科技有限公司
Hunan Tiantiao Food Sci.&Tech.Co.,Ltd.

销售中心

华南地区：
电话：0769-88115892
传真：0760-80127098
手机：13669818910

西南地区：
电话：028-87374728
传真：028-87374728
手机：13574561686

华东地区
电话：021-64137863
传真：021-64137863
手机：13818585532

生产基地

地址：湖南省郴州市华塘塔水天调工业园
电话：0735-2904495　2904489
手机：13762599288　传真：0735-2728616
网址：www.tiantiao.net

松茸鲜

复合调味料

可代替鸡精、味精、盐等调味

松茸鲜是通过生物靶向技术
从松茸等菌菇中提取风味营养元素
比如说松茸的多糖多肽等
与调味品相结合
具备松茸独到的自然鲜味
同时又能获取松茸的健康营养

- 0添加
- 不使用增味剂
- 0蔗糖
- 减钠50%

GOOD TIME 菇大厨

健康调味料
认准菇大厨

招商热线 400-8713776

✉ gudachushipin@163.com
🌐 www.gudachu.cn
🏠 江苏省无锡市梁溪区江海西路990号智慧568大厦28楼

2024 全国调味品行业蓝皮书

斯 波 著

中国纺织出版社有限公司

图书在版编目（CIP）数据

2024全国调味品行业蓝皮书/斯波著. -- 北京：中国纺织出版社有限公司，2024.3
ISBN 978-7-5229-1501-2

Ⅰ.①2… Ⅱ.①斯… Ⅲ.①调味品—食品工业—研究报告—中国—2024 Ⅳ.①F426.82

中国国家版本馆CIP数据核字（2024）第054032号

责任编辑：闫 婷　　责任校对：王蕙莹　　责任印制：王艳丽

中国纺织出版社有限公司出版发行
地址：北京市朝阳区百子湾东里 A407 号楼　邮政编码：100124
销售电话：010—67004422　传真：010—87155801
http://www.c-textilep.com
中国纺织出版社天猫旗舰店
官方微博 http://weibo.com/2119887771
北京华联印刷有限公司印刷　各地新华书店经销
2024年3月第1版第1次印刷
开本：889×1194　1/16　印张：3　插页：4
字数：78千字　定价：100.00元
京朝工商广字第8172号

凡购本书，如有缺页、倒页、脱页，由本社图书营销中心调换

著作组成员名单

斯　波　沈　刚　张　城　廖国洪　李俊祥　李岳云　赵孔发　赵勇军　未鸿博
谢长青　蔡新华　钟南荣　李德建　周　颖　李通升　杨金平　张　彦　阮登明
施建平　于连富　朱俊松　陶国平　陈帅荣　田其明　刘元福　赵　辉　刘友辉
许朝辉　崔利新　于海涛　韦树谷　王德斌　胡学丽　张　敏　唐春红　唐　杰
刘钟栋　刘　飞　刘　晏　刘　丽　刘　元　刘宏伟　刘　勇　刘　强　杨姣平
杨　俊　杨　彬　杨　玲　杨四春　李山锁　李　耀　李建华　李文辉　李　俊
李　杰　李　建　李　彬　李　平　黄德高　黄东亮　黄　俐　王一平　王志朋
王　强　王海凤　钟定江　钟树文　钟　凯　胡四新　胡　静　孙　勇　孙　虎
孙著书　崔江风　崔盛盛　吕翠平　吕江华　冯　远　冯绪忠　冯　刚　朱　勇
朱华承　俞春山　余春明　蔡立民　韩锦友　肖丁凡　罗红梅　江新业　徐　浩
姜晓东　顾志国　詹兴超　马福平　孟舒池　沈　平　路雨亮　葛海林　游贤伟
侯艳军　郭文军　魏　泉　何爱娥　潘　龑　巴玉浩　高　天　谢文丽　师　波
邓雪峰　彭　刚　陶贵明　白德华　吴庆元　赵根修　廖运兵　邹兴成　周文德
周　青　卢春华　卢治乾　陈　辉　陈　立　陈文敏　张　刚　陈晓刚　陈爱民
陈光友　陈　勇　陈山信　陈　超　张　栋　张骥东　张　建　张　军　张　强
张国相　张智奇　张志峰　张建平　张　聪　张　俊

题　　字

全国调味品蓝皮书　推动调味品行业发展
　　——国际辣椒联盟执行主席、国际火锅产业联盟主席、中国饭店协会火锅专业委员会主任、
　　中国农业产业化龙头企业协会辣椒专委会主任、重庆德庄实业（集团）有限公司董事长
　　　　　　　　　　　　　　　　　　　　　　　　　　　　　　　　李德建　2016.3.23

调味品蓝皮书引领行业新思路新出路
　　——著名调味品营销专家、网聚资本副总裁、《调味品营销第一书》作者　陈小龙　2016.3.23

全国调味品行业蓝皮书：服务行业　实现双赢
　　——四川省川联川菜调料商会终身名誉会长、四川友联食品集团董事长　刘元福　2016.3.23

乐于奉献　光彩人生！
——全国辣椒产业功勋前辈、全国农业劳动模范、河南省南阳市唐河县新农辣椒专业合作社理事长、
　　唐河县华晟辣业有限公司董事长　贾群成　2016.3.25

全国调味品行业蓝皮书：引领行业发展，务实，落地，助推调味品转型升级，功在当代，利在千秋！
　　——北京仙豪食品科技有限公司董事长、餐饮业国家一级评委、高级工程师、
　　高级烹饪师、中国大锅菜研发培训中心主任、中国农产品流通经纪人协会
　　植物食学专委会常务副主任、中国烹饪协会餐饮标准化和调味料专业委员会副主席、
　　六位仙品牌创始人　张彦　2016.3.23

希望蓝皮书能惠及全国百姓
　　　　　　　　　　　　　　　　　　——新疆笑厨食品有限公司　谢彦军　2016.3.23

调味品行业蓝皮书，引领行业发展走向世界
　　　　　　　　　　　　　　　　　　　　　　——陶婆婆品牌创始人　陶国平

蓝皮书促进行业健康发展
　　　　　　　　　　　　　　　　　　——玉溪滇中云作食品有限公司总经理　谢长青

蓝皮书引领全国调味品行业走向高端品质
　　　　　　　　　　　　　　　　　　——山东味正品康食品科技有限公司总经理　于海涛

回归自然，互伤而止，互爱彰显，良心食材，大势所趋，造福人类。
　　　　　　　　　　　　　　　　　　　　　　　　——王景慧　2018.3.21

工匠精神
　　　　　——山东省辣椒协会会长、山东英潮集团董事长　谭英潮　2017.3.23

用工匠精神去做调味品弘扬中国味道！
　　　　　——海南省独凤轩控股集团有限公司董事长　于连富　2017.3.22

消费者的福音，行业人的期望，人类进步的体现：健康、理智、营养
　　　　　　　　　　　　　　　　　　　　　　　——杨志刚　2018.3.21

大国工匠　调味中国
　　　　　——川味中国集团董事长、四川省传统文化促进会执行会长　张勤涛

前　　言

《2024全国调味品行业蓝皮书》全方位、多角度地探讨了中国调味品行业的高质量发展之路，从中国调味品的独特维度出发，深入剖析了调味品行业的底层逻辑和发展脉络。同时，蓝皮书还着重强调了调味品链改革的必然趋势，以及预制菜在调味品行业中的重要作用。此外，蓝皮书还对中国调味品行业的沉没成本进行了全面梳理和分析，为行业决策者提供了宝贵的参考和借鉴。通过这五个方面的综合探讨，蓝皮书旨在为中国调味品行业的高质量发展提供思路、方法和手段，为行业的未来发展指明方向。

维度即空间，认知即丈量，视野在宇宙，调味品作为日常生活中的必需品，既是烹饪的大道，也是满足口腹之欲的刚需，更是行业发展的必然趋势。摆脱传统增长方式的内卷，需要我们从不同维度对调味品进行全新的认知。这种认知不仅限于传统的口味、品质，更要从复合调味、全球化、有机等多元维度进行深入剖析。这种剖析将帮助我们看清调味品未来的发展方向和趋势，引领我们走向一个更加宽广、多元、可持续的行业未来。

观消费，知未来，行稳致远。酸行天下、松茸鲜肽、辣椒、花椒等消费调味品特色鲜明，魅力持久，为调味品行业纵深发展提供核心动力。餐厅业态演变促使调味品需求变化，消费力增长为行业注入新活力。展望未来，消费调味品全返模式及金融属性增强，将稳固市场地位，推动行业迈向更加繁荣的未来。各企业均深知"链"之关键，纷纷布局，然成功与否需经链改革之考验。调味品行业，因其分类众多，形成独特产业链，竞争日益激烈。为应对此挑战，消费调味品链布局日趋精细化、专业化、精准化，以满足市场对调味品本质需求的提升。

社会各界共同参与预制菜的创造过程，通过对农产品的深入加工、全球范围内的运营布局，以及标准化的生产流程，逐步建立起科学、合理、规范的预制菜产业体系。预制菜的本质是满足餐桌上真正的需求，因此我们需要深入理解预制菜，并在技术创新和销售服务上不断满足人们对预制菜的高标准要求。

投资虽易，消费却难。调味品行业在盲目参展和重复行为中浪费了大量资源，无效社交更成为行业的沉重负担，形成了不小的沉没成本。因此，我们必须运用先进生产力，创新消费引流策略，以避免进一步的沉没成本，并赋予行业新的思维与活力。

人们对调味品的选择正逐渐转向健康方向，这一转变不仅推动了整个调味品行业需求的快速增长，也促使产品品质不断提升。同时，消费者的复合需求正在不断颠覆传统，创新需求层出不穷，为调味品行业带来了新的挑战和机遇。

感谢各位伙伴在调味领域的共享、共创、共赢中所付出的努力和心血，正是因为你们的贡献，中国调味品才能在全球舞台上展现独特的魅力。感谢你们为中国味道的全球传播做出的贡献。

全国调味品行业蓝皮书致力于深入挖掘调味品行业的核心灵魂，即味魂，以此为基础，推动行业提质增效，打破传统束缚，激发创新活力，并为行业提供持续的服务与支持。我深知本书仍存在不足之处或错误，因此我诚挚地欢迎各位读者提出宝贵的批评与建议，共同为调味品行业的进步贡献力量。

斯波

2024年2月24日于成都

目　　录

第一章　中国调味品维度 ··· 1

一、调味品维度 ··· 1
1. 定义 ··· 1
2. 维度认知 ·· 1
3. 中国调味品性价比 ··· 1
4. 中国调味品多维消费体系 ·· 2

二、中国调味品新维度 ··· 2
1. 新消费趋势下的调味品行业变革 ·· 2
2. 中国调味品新体验维度 ·· 2
3. 新示范维度 ··· 3
4. 新认知维度 ··· 4

三、中国复合调味品维度 ··· 4
1. 中国复合调味品分类 ·· 4
2. 中国复合调味品的特点 ·· 5
3. 中国复合调味品的发展趋势 ··· 5
4. 中国复合调味品的优势 ·· 6
5. 复合调味品对餐饮端的支撑及其优势 ·· 7
6. 复合调味品助力餐饮效率与口味稳定 ·· 7
7. 中国复合调味品需求端发展趋势 ··· 7
8. 中国复合调味品的渠道端概览 ·· 7
9. 中国复合调味品黏性研究 ··· 8
10. 中国复合调味品价值困境与未来展望 ··· 9
11. 中国火锅复合调味品概览 ·· 9

四、全球化视角下的中国调味品行业 ··· 10
1. 全球化调味趋势 ·· 10
2. 国际环境变迁与影响 ··· 10

五、中国调味品消费趋势与现状 ··· 10
1. 健康消费崛起 ·· 10
2. 消费趋势多元化 ·· 10
3. 消费现状与挑战 ·· 11
4. 消费级层分化与重构 ··· 11

5. 理性消费引领未来 ……………………………………………………… 11
　　6. 风味消费的新趋势 ……………………………………………………… 11

六、中国调味品有机维度：引领健康与未来 …………………………………… 12
　　1. 有机调味品：时代的新选择 …………………………………………… 12
　　2. 有机调味品：未来的引领者 …………………………………………… 12
　　3. 有机调味品：健康的守护者 …………………………………………… 12

第二章　中国调味品底层逻辑 …………………………………………………… 13

一、调味品风味的流行趋势 ……………………………………………………… 13
　　1. 酸味流行 ………………………………………………………………… 13
　　2. 肽成风味新宠 …………………………………………………………… 13
　　3. 松茸鲜调料崛起 ………………………………………………………… 13
　　4. 辣椒产业蓬勃发展 ……………………………………………………… 14
　　5. 花椒产业动态 …………………………………………………………… 14

二、中国调味品消费的特点 ……………………………………………………… 15
　　1. 成熟性 …………………………………………………………………… 15
　　2. 现实性 …………………………………………………………………… 15
　　3. 刚需性 …………………………………………………………………… 15
　　4. 回归性 …………………………………………………………………… 15
　　5. 发展性 …………………………………………………………………… 15

三、中国调味品行业消费力 ……………………………………………………… 16
　　1. 中国调味品消费力不足 ………………………………………………… 16
　　2. 满足消费的硬核需求：调味品市场的制胜之道 ……………………… 17

四、中国调味品消费的可持续发展 ……………………………………………… 18
　　1. 洗牌持续 ………………………………………………………………… 18
　　2. 持续变化 ………………………………………………………………… 18
　　3. 消费疲软持久战 ………………………………………………………… 19
　　4. 人们选择的多样化 ……………………………………………………… 19
　　5. 金融助力调味品行业焕发新生 ………………………………………… 19
　　6. 中国调味品销售博弈 …………………………………………………… 20

五、中国餐饮调味品的新变革 …………………………………………………… 20
　　1. 消费减量趋势 …………………………………………………………… 20
　　2. 餐饮新潮流 ……………………………………………………………… 20
　　3. 未来展望 ………………………………………………………………… 20

六、中国调味品消费的发展趋势 ………………………………………………… 21
　　1. 追求极致体验 …………………………………………………………… 21
　　2. 大食物观引领新风尚 …………………………………………………… 21

3. 大农业观助力产业升级 ··· 21
　　4. 中国调味品消费的重构 ··· 21
七、如何解决消费调味品增长的难题 ··· 22
八、中国调味品消费全返新纪元 ··· 22
　　1. 消费全返新定义 ·· 22
　　2. 颠覆传统促销策略 ··· 24
　　3. 促进复购新动力 ·· 24
　　4. 提升消费者体验 ·· 24
　　5. 消费全返的未来趋势 ··· 24
九、中国消费调味品的金融属性 ··· 24
　　1. 金融调味品的新篇章 ··· 24
　　2. 中国金融属性调味的鲜明特点 ·· 25
　　3. 中国调味原料的金融魅力 ·· 25
　　4. 中国调味价值的金融解读 ·· 25

第三章　中国调味品链改革必然性 ··· 26
一、中国调味品链的演进与重塑 ··· 26
　　1. 调味品链的核心价值 ··· 26
　　2. 调味品链的未来发展趋势 ·· 26
二、中国调味品链的多元化布局 ··· 26
　　1. 细分领域的深耕 ·· 26
　　2. 调味品链之间的协同与共生 ··· 26
三、中国调味品链的革命性突破 ··· 27
　　1. 数字化驱动的转型升级 ·· 27
　　2. 调味品链的价值重塑 ··· 27
　　3. 革命性竞争与合作 ·· 27
四、中国调味品链的未来展望 ·· 27
　　1. 消费增量的新机遇 ·· 27
　　2. 调味品链的创新与变革 ·· 28
　　3. 调味品链的全球化布局 ·· 28

第四章　预制菜 ·· 29
一、预制菜：一场餐桌上的变革 ··· 29
　　1. 餐桌之菜：满足日常所需 ·· 29
　　2. 理性之菜：透明化与消费认知 ·· 29
　　3. 规范之菜：产业标准的引领者 ·· 29
　　4. 刚需之菜：顺应市场需求 ·· 29

  5. 专业之菜：科技赋能产业升级 ………………………………………………………………… 30
二、预制菜：未来的无限可能 ……………………………………………………………………………… 30
  1. 合理添加：追求自然与健康 ………………………………………………………………… 30
  2. 冷链保障：确保新鲜与品质 ………………………………………………………………… 30
  3. 需求对比：传统与现代的碰撞 ……………………………………………………………… 31
  4. 效率更高：提升餐饮效率 …………………………………………………………………… 31
  5. 肉素结合：创新引领未来 …………………………………………………………………… 31
  6. 数字化加工：引领产业变革 ………………………………………………………………… 31
三、预制菜产业的挑战与机遇 ……………………………………………………………………………… 31
  1. 直面困难：应对产业挑战 …………………………………………………………………… 32
  2. 研发创新：解决技术难题 …………………………………………………………………… 32
四、解决销售：开拓市场新空间 …………………………………………………………………………… 32
  1. 引导消费 ……………………………………………………………………………………… 33
  2. 动消方式 ……………………………………………………………………………………… 33
  3. 建立单品话语权 ……………………………………………………………………………… 33
五、影响预制菜产业的关键因素 …………………………………………………………………………… 33
  1. 温度控制：确保品质稳定 …………………………………………………………………… 33
  2. 加工工艺：提升产品品质 …………………………………………………………………… 33
  3. 消费者体验：决定市场成败 ………………………………………………………………… 33

第五章　中国调味品行业的沉没成本 …………………………………………………………………… 34
一、调味品沉没成本的定义与现状 ………………………………………………………………………… 34
二、调味品沉没成本的特点与趋势 ………………………………………………………………………… 34
三、避免调味品沉没成本的策略 …………………………………………………………………………… 34
四、合理应对调味品沉没成本 ……………………………………………………………………………… 35
五、开启未来：调味品行业的革新与前行 ………………………………………………………………… 35
  1. 群众力量与盲返破局 ………………………………………………………………………… 35
  2. 新共识与破局新力 …………………………………………………………………………… 35
  3. 数据破卷与破解消费之力 …………………………………………………………………… 36
  4. 正能立业与共谋未来 ………………………………………………………………………… 36
  5. 营养创新指导创业 …………………………………………………………………………… 36

第一章 中国调味品维度

一、调味品维度

1. 定义

调味品维度涵盖了消费者对调味品的多元认识,包括消费、需求、体验、有机、角度、方向、销售、思维、内涵等多个层面及其程度。这些维度因个人理解和认知的不同而呈现差异化,即使面对相同的调味品,人们的认知结果也可能迥异。

2. 维度认知

调味品在不同维度上的认知存在显著差异,当前虽然在一维、二维层面上的认知已相对成熟,但在多维角度上仍具有巨大的发展潜力。有机调味品市场尚未普及,意味着市场潜力巨大,高品质发展之路仍长。随着消费认知的革新,调味品市场将不断呈现颠覆性趋势和创新,为行业带来新机遇。同时,随着对调味品认识的深化,调味品维度的内容将不断丰富,为消费者提供更多选择。此外,调味品价值的不断融合将催生新的消费特点,推动新消费模式的形成,进一步提升调味品的价值,为行业发展注入新活力。中国调味品维度认知见图1-1。

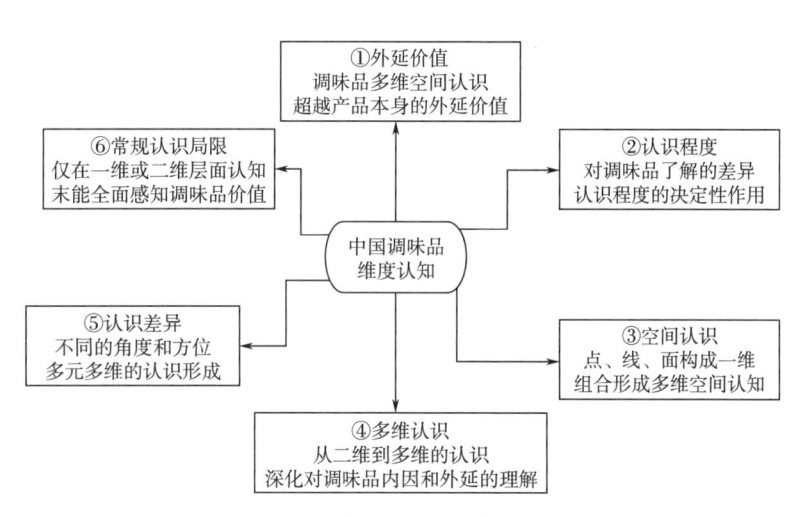

图1-1 中国调味品维度认知

3. 中国调味品性价比

调味品行业正经历着不断进化的过程,性价比的优化成为行业发展的明显趋势,从传统的性价比追求到超级性价比的跃进,体现了行业对价值创新的追求。在这个过程中,调味品的选择更加注重极致的性价比,让消费者的调味体验前所未有地凸显价值。同时,供应端也在进行整合、调整、优化资源配置,减少内耗,聚焦发展,涌现出具有竞争优势的调味品品牌,推动整个行业的升级与发展。销售端加入，促进原料和生产透明化，实现微利合理价竞争，颠覆传统"商品"逻辑。行业需不断满足消费高维度需求，推动消费升级。中国调味品供应端性价比见图1-2。

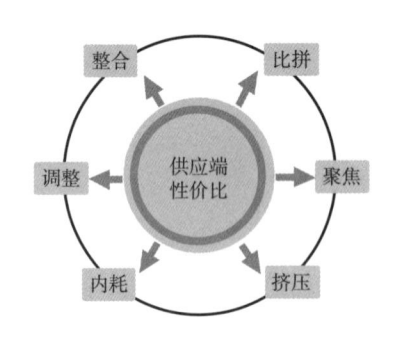

4. 中国调味品多维消费体系

完整的消费体系正逐渐形成，涵盖了多维的行业和产业，调味品作为其中的一个组成部分，其运作体系也是多维、多方面的。通过多元化开发调味品，不同的消费引流变现，形成独特的竞争实力。新的消费模式为人们提供了更多的选择，而非固定的模式。这种多维消费并非降级，而是消费维度的巨大变化所推动。此外，消费者的思维意识在决定其消费能动性方面发挥着重要作用。悲观和短视的思维可能导致消费者只看重低价和便宜，而正向思维则强调健康、乐观和物有所值，推动消费者追求更好的消费体验。

图1-2 中国调味品供应端性价比

二、中国调味品新维度

调味品行业正迎来新的维度，体现在新消费、新体验和新示范上，这些变革打破了传统桎梏，带来了新的认知。人们选择调味品的标准和期望也在发生深刻变化，反映了市场的动态演进和消费者需求的多样化。

1. 新消费趋势下的调味品行业变革

新消费模式下，调味品行业正经历深刻变革。相较于传统消费，新消费更强调自信、尊重与个性，体现了消费者对于调味品选择的多元化和个性化需求。这种变革源于消费的本质需求，科技创新在其中发挥了颠覆性作用（图1-3）。调味品的本质已转变为一种有品位、可重复消费的商品，消费者黏性显著增强。

新消费模式下，生产服务更加精准地对接消费者需求，体现了饮食文化的多样性。这种新消费不仅提升了效率，减少了无效内容，还成为刚需的产物，特别是在调味品领域。新消费已成为新生活方式的重要组成部分，人们对"吃好"的追求与调味品的品质紧密相连。

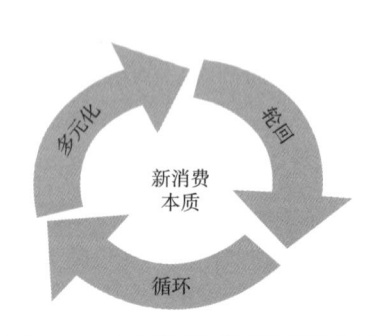

图1-3 中国调味品新消费本质

此外，新消费推动了消费链结构的优化，增强了与消费者的黏性，创造了新的消费场景和体验。新消费格局的形成，对整个产业产生了深远影响，促使品牌与品质的重构，BC端双轮驱动为行业带来了新的发展局面。

值得关注的是，新消费服务的崛起，正逐渐成为调味品行业发展的核心。这种转变意味着从单纯的消费品销售向提供调味服务的方向进化。同时，随着越来越多经销商选择逃离大品牌，新的消费趋势和合力正在形成，预示着调味品行业未来的多元化与包容性。

2. 中国调味品新体验维度

在当今快速变化的消费市场中，调味品行业正迎来一场新体验的革命。新体验不仅是动态的，而且能够实时为消费者带来独特的魅力。这种体验以调味品为核心，通过多感官的互动，增强了味觉的感知力，让消费者在品尝美食的同时，享受到全方位的愉悦感受（图1-4）。场景化体验则是调味品行业的新趋势，它使调味品在不同时间、地点和环境中都能为消费者带来全新的认知，形成稳定的消费意识（图1-5）。随着消费者越来越注重品质和性价比，调味品的体验升级成为必然。通过提供高品质的产品和卓越的消费体验，

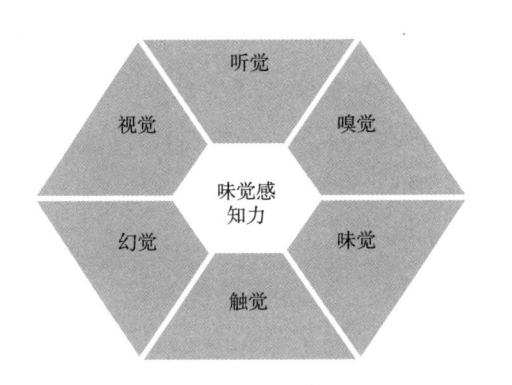

图1-4　中国调味品味觉感知力 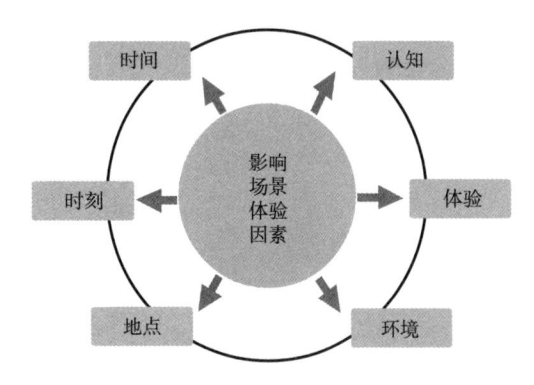　　　图1-5　中国调味品影响场景体验因素

调味品行业不仅满足了消费者的需求，还推动了健康、功能和专业消费的发展。同时，调味品行业也在不断创新，为消费者创造与时俱进的体验，解决消费结构的不合理性，应对人口老龄化、系统性风险等挑战。在这个过程中，新体验的认知也在不断扩大，它超越了传统观念，为消费者带来了前所未有的体验认知。总之，调味品行业的新体验维度正在改变消费者的消费观念和消费习惯，为行业的健康、稳定和长期发展注入了新的活力。

3. 新示范维度

调味品产业的革新推动了消费新动向，催生出调味新示范（图1-6），不仅弥补了B端竞争力的不足，还拉动了C端的销售增长，实现了两者间的有效融合。新示范凸显了调味的价值，消除消费盲区，为产业发展提供了新的手段和策略。同时，调味品的发展与投资的融合形成了新的商业态势，园区、产区、交易区转型为体验消费的经营场所，新示范的引领作用正在显现。新示范深入挖掘了调味的价值，使其更容易被消费者接受和消化，转化为实际的价值。数字化新示范使调味结果更加出色，形成了多元化的良性循环，使调味品更加贴近消费者。新示范下的品牌建设注重科技创新和标准化，其无形价值远超有形资产。知识要素和创新要素的紧密结合促进了美味的高效分享和传播。新示范源于创新和内生式增长，不仅提升了整体形象，还增强了消费话语权（图1-7）。

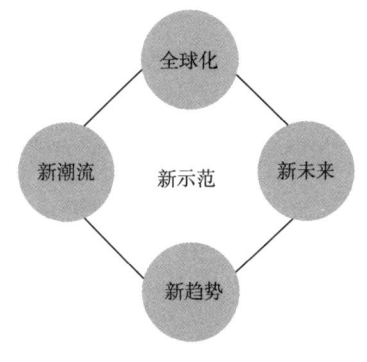

图1-6　中国调味新示范 　　　图1-7　中国调味新示范话语权

4. 新认知维度

新认知下的调味品行业正在经历前所未有的变革，调味品不再局限于传统观念，而是变得高效和多元（图1-8）。这种新认知推动了调味品行业的新增长极和消费趋势，使味道成为沟通的关键（图1-9）。在这一变革中，专注于解决调味消费问题的企业家精神崭露头角，专业调味技术的强化成为消费认可的关键。同时，高速增长和裂变形成了调味标准化的强大趋势，长期消费认可的实现成为关键。调味记忆作为新的经济增长点，正在打造具有情感连接的味道。开放式知识创新通过调味实现，推动了人们接受度的升级。新认知调味价值催生了新技术、新产品、新产业机会和新的消费趋势，形成了立体化的物理虚拟餐饮调味文化（图1-10）。

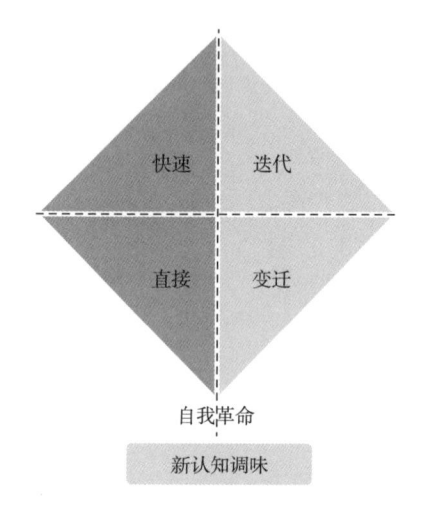

图1-8 中国新认知调味

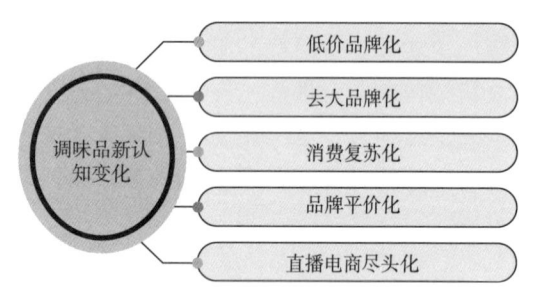

图1-9 中国调味品新认知变化

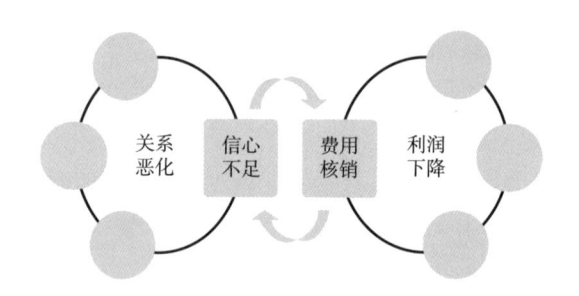

图1-10 中国调味品新认知特点

三、中国复合调味品维度

1. 中国复合调味品分类

中国复合调味品市场丰富多样，涵盖了多个分类以满足不同消费者的口味需求。这些分类包括：

①复合汤料：提供标准化的汤风味，如红汤、清汤、鸡汤、菌汤和酸汤等，为家庭烹饪和餐饮业提供了便捷和一致的口感。

②风味酱料：作为辅助调味的酱类，如红油豆瓣酱、烧椒酱、蒜辣酱和鲜椒酱等，为菜肴增添了丰富的味道和口感。

③复合香辛料：主要提供复合香味，如卤料和五香料，为中式烹饪提供了传统的香气和风味。

④复合香辣料：涵盖了粉状、酱状和油状的各种香辣调料，以其特色别致和多样化的选择受到消费者喜爱。

⑤复合增鲜调味料：以鸡精等为主要代表，提供复合的鲜味体验，满足消费者对食物鲜美口感的追求。

⑥小龙虾调料：针对小龙虾这一热门食材的专用调料，以麻辣、香辣、五香和蒜泥等口味为主，满足了对小龙虾特色风味的追求。

⑦酸菜鱼调料：随着餐饮标准化的需求，专为酸菜鱼设计的调料应运而生，满足了消费者对这一

经典菜品的口味需求。

⑧鱼调料：针对鱼类食材的特色调料，以其独特的味道和口感为鱼类烹饪增添了新的风味。

⑨复合蘸料：专为蘸食设计的多种复合调料，可以单独使用或混合搭配，为消费者提供了多样化的蘸食体验。

需要注意的是，复合调味的分类是相对的，不是绝对的，随着市场的不断变化和消费者口味的演变，新的复合调味品不断涌现，推动了市场的创新和发展。

2. 中国复合调味品的特点

中国复合调味品的特点体现在多个方面，为消费者提供了丰富多样的调味体验。这些特点包括：

①个性化：复合调味品的风味独具一格，每个产品都有其独特的风味特点，满足了消费者对个性化口味的追求。

②融合一体：复合调味品能够实现多种不同风味的完美融合，即使是使用相同的成分，也能创造出截然不同的风味。

③集合性：复合调味品是多种不同口感的集合体，因其独特的口感特点，能够给消费者留下深刻的消费记忆。

④舒适化：复合调味品提供了快捷、美味的调味体验，让人们在享受美食的同时，也感受到其传递的美食文化。

⑤风味化：复合调味品越来越科学、合理、规范，致力于实现最大风味化，以满足产品消费的特色需求。

⑥潮流化：复合调味品推动了餐饮标准化的发展，带动了标准化连锁美食潮流的形成，从而提升了品牌价值。

⑦记忆性：复合调味品能够实现万店风味一致化，快速催生消费认可的风味记忆化，形成品牌风味的独特记忆特色。

⑧特色化：复合调味品满足了消费者对各种风味、特色、地区风味的追求，如泰式、东南亚风味、傣味、民族风味等，成为了新的复合调味需求。

⑨合理性：复合调味品在满足消费者需求的同时，也注重时间成本、食材成本、机会成本、沉没成本的合理性，实现了高效的成本控制。

⑩多样性：复合调味品的风味和特色因不同的原料种类、成分、配方、使用方法、数量和使用过程等因素而异，为消费者提供了多样化的选择。

这些特点使中国复合调味品在市场上具有广泛的吸引力和竞争力，满足了不同消费者的口味需求和烹饪需求。

3. 中国复合调味品的发展趋势

中国复合调味品行业正呈现出八大明显的发展趋势：

①快速发展：复合调味品通过降低成本，推动科学饮食，已成为美食行业高速发展的关键驱动力。

②一料多用：复合调味品的合理应用，使单一调料能用于多种菜品，丰富了菜品的口味和种类，推动了餐饮业的创新。

③提升餐饮效率：复合调味品优化了餐饮生产流程，提高了后厨效率，有效节约了场地，增强了应对原料价格上涨的能力。

④助力连锁餐饮：复合调味品推动了餐饮连锁化的进程，促使餐饮业向更加科学和合理的方向发展，从而改变了消费者的认知和认可水平。

⑤万众创新：随着餐饮创业的兴起，复合调味品在标准化方面的应用愈发广泛，大大提高了菜品的话语权，催生了万众创新的消费潮流。

⑥追求本味：复合调味品降低了餐饮成本，使菜品更具生命力和本色，回归食材的原味。

⑦黏性复合：复合调味品对菜品的影响力日益增强，消费者一旦认可，便形成黏性消费，从而快速提升餐饮品牌的价值。

⑧增值赛道：复合调味品已成为餐饮业增值的重要手段，也是调味品市场中增长最快的领域之一。

中国复合调味品变化见图1-11。

2023年中国复合调味品使用状况见图1-12。

图1-11 中国复合调味变化

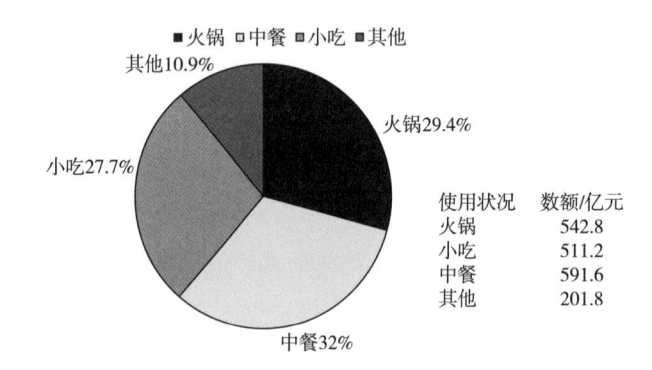

多元化 特色化 营养化 数字化 规模化 — 复合调味变化 — 复合化 方便化 健康化 智能化 极致化

使用状况	数额/亿元
火锅	542.8
小吃	511.2
中餐	591.6
其他	201.8

火锅29.4% 中餐32% 小吃27.7% 其他10.9%

图1-12 2023年中国复合调味品使用状况

2023年中国复合调味品市场规模已达到1847.3亿元，展现出强劲的增长势头。这一趋势预示着复合调味品正逐渐取代传统基础调味品，成为市场主流。餐饮消费的持续渗透，使家庭消费也开始接受并习惯使用复合调味品。目前，中餐、火锅、小吃等为主的复合调味品占据了市场主导地位，同时，其他消费领域也在不断拓展其市场份额。

4. 中国复合调味品的优势

中国复合调味品展现出了显著的优势，具体表现在以下几个方面：

首先，复合调味品的高速发展和品牌不断涌现，推动了调味品产业链的激烈竞争，为行业注入了新的活力。

其次，尽管复合调味品面临同质化竞争和消费底气不足的问题，但整个调味全产业链的竞争态势仍在持续，促进了行业的不断创新与进步。

此外，复合调味品用途广泛，风味选择多样，不同呈味元素相互融合，形成了独特的口感和滋味，为消费者带来了丰富的味觉体验。

同时，复合调味品的应用范围广泛，呈味物质多样，满足了不同消费者的创新需求，为市场带来了丰富的选择。

值得一提的是，通过不同的处理方式，复合调味品能够呈现出多种风味特征，实现了多种消费的新趋势，为消费者带来了更多选择。

在产业链竞争力方面，复合调味品行业上游、中游和下游均展现出各自的优势和特点，形成了强大的产业链竞争力。

最后，复合调味品满足了人们对美味的多样化需求，其独特的风味源头和差异化特点使其成为满足消费者需求的理想选择。同时，复合调味品的美味呈现简单高效，符合家庭消费的特点，推动了餐饮连锁进程的快速发展和创新。

5. 复合调味品对餐饮端的支撑及其优势

餐饮行业对复合调味品的需求日益凸显，其优势不仅在于简化烹饪流程，更在于提升餐饮品质与效率。复合调味品通过保证餐饮的标准化，实现风味的记忆化与口味的稳定化，从而确保消费者体验的连贯性与满意度。厨师运用复合调味品，能够轻松实现人菜合一，创造出令人难以忘怀的味道记忆，进而提升餐饮品牌的价值。

此外，复合调味品还有助于提高烹饪水平，实现菜品口感的一致性与高品质，从而推动中国餐饮行业的整体进步。在餐饮店运营方面，复合调味品通过简化烹饪程序，提高运营效率与出餐速度，助力中餐制作水平的标准化与升级。

复合调味品在降本增效方面拥有巨大潜力，随着复合程度的提高，其价值也相应增大。对于餐饮业和厨师而言，复合调味品不仅提高了烹饪效率，更通过专业化、细分化、风味化、特色化的运用，满足了消费者日益增长的品质与口感需求（图1-13）。

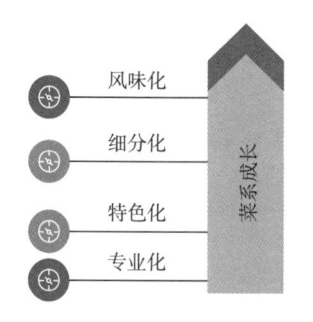

图1-13　中国菜系成长

6. 复合调味品助力餐饮效率与口味稳定

复合调味品在保证餐饮口味稳定、提高效率方面发挥着关键作用。通过最小化人为影响，为品牌稳定发展创造机会，同时确保口味的一致性，增加消费者复购机会。此外，复合调味品不受人员变动影响，实现了成本与效率之间的有效转化，保证了餐饮品质的持续稳定。

随着餐饮连锁化率的提高，复合调味品在推动餐饮扩张、加速连锁进程方面也发挥着重要作用。火锅等连锁餐饮的成功实践表明，复合调味品是实现连锁化、标准化、高效运营的关键。同时，复合调味品还促进了中小餐饮的快速扩张与加盟连锁，通过数字化管理与赋能消费产业，推动了餐饮行业的消费升级。

7. 中国复合调味品需求端发展趋势

中国复合调味品需求端呈现出明显增长趋势。随着复合调味品不断进入家庭消费，其在家庭端的市场份额也在稳步增加。同时，消费者对于复合调味品的复合程度要求更高，低盐、低味精、低添加等健康理念逐渐成为消费新趋势。

此外，家庭小型化也催生了外卖和消费的新变化，复合调味品尤其是全复合调味的市场空间持续扩大。为满足预制菜和半成品菜快速、便捷、高效的需求，复合调味品行业也在不断创新与升级。

对于C端消费者而言，他们对于复合调味品的需求也在不断变化，果香型、鲜香型、茅香型等多样化口味成为新的消费热点。在竞争激烈的市场中，只有满足消费者复购需求的复合调味品才能脱颖而出。

复合调味品实现消费的底层逻辑在于重复消费。具备消费密码的复合调味品能够自动完成复购，而不能满足复购需求的调味品则面临生存压力。因此，复合调味品行业需要不断创新与提升品质，以满足消费者日益增长的品质与口感需求。

8. 中国复合调味品的渠道端概览

复合调味品在渠道端展现出独特的优势与价值。首先，通过精心设计的分利模式，我们能够实现全方位、立体式、多维度的价值链获取，进而形成空间价值效应，最大化商业效率。

在当前的数字化浪潮中，我们积极拥抱变革，将线下与线上物流无缝融合，结合仓储物流、生鲜电商、社交电商及直播带货等多元化平台，打造渠道数字化运营的全新模式。这不仅体现了新媒体、新思维、新措施的整合，更提升了渠道和终端的效能，确保了渠道商的利益最大化。

复合调味品的营销端致力于塑造年轻、快乐、健康的品牌形象，以此为基础打造消费认知的灵魂级增长意识。我们深知，尽管复合调味品市场小而散，但其作用却不容忽视。只有持续挖掘其复合价值，才能驱动行业向更为理性的增长迈进。

我们的核心优势在于将调味价值最大化，使调味不仅是产品，更是话语权。调味品能够立足市场，源于其本身的巨大价值。我们紧跟市场脉搏，牢牢抓住消费热点与卖点，迅速响应普遍性需求，为消费放量奠定坚实基础。

复合调味品的消费渗透正在逐步加深，不仅实现了多样化的消费额，更在改变人们的消费观念，引领新的消费潮流。中国饮食文化与结构的丰富性为复合调味品提供了广阔的发展空间。我们有信心，中国将孕育出世界级的复合调味品品牌，以千年美食文化为底蕴，成就全球最佳的复合调味品。

9. 中国复合调味品黏性研究

复合调味品在消费市场中展现出强大的黏性优势，这种黏性源于多个关键因素。首先，消费认可是复合调味品黏性的核心，多种因素共同构成了这一优势。这些黏性消费因素如图1-14所示，它们共同作用于消费者的选择和行为。

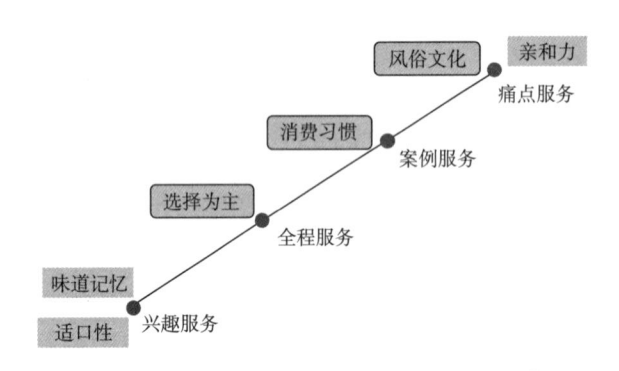

图1-14 中国复合调味品黏性消费因素

其次，调味品的源头多样性为特色消费提供了广阔的空间，这种特色消费趋势值得深入探索。复合调味品的一料多用特性也使其用途广泛，创新不断，为消费升级提供了巨大的机会。

在研究复合调味品黏性消费时，我们需要关注其特点，并快速迭代和创新以满足黏性需求。这种精细化的过程是实现消费快速变现的关键。

此外，复合调味品的黏性消费还表现为多样化、个性化、差异化、品质化、多元化和碎片化等细分特点。这些细分黏性趋势如图1-15所示，它们共同构成了中国调味品黏性消费的复杂图景。

复合调味品的黏性还体现在其风味上。由于使用原料的丰富性、工艺的复杂性以及技巧的多样性，复合调味品形成了独特而丰富的风味黏性。

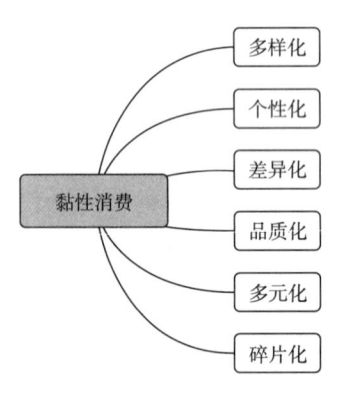

图1-15 中国调味品黏性消费

在需求方面，复合调味品黏性需求正推动着产业的革命性变革。这种变革将最大的优势转化为客服内卷的动力，推动着复合调味品向全方位升级的方向发展。

最后，对于复合调味品的黏性研究，我们需要明确其需求的意义在于如何吃好、吃科学、吃健康。研发的根本出发点是满足消费者的需求，而研发出符合黏性消费认可的复合调味品则必须是原创的，而非简单的模仿。

总结而言，复合调味品的黏性消费特征表现为精准化、细分化、极致化、高效化、少量化和价值化等。这些特征共同构成了复合调味品在消费市场中的强大黏性优势。

10. 中国复合调味品价值困境与未来展望

复合调味品行业面临诸多挑战，其中最为显著的是品牌价值与产品体验的缺失。若品牌和产品无法给消费者留下深刻印象，或在消费后评价平庸，那么这些调味品在市场竞争中将难以立足。仅靠空洞的口号无法挽救其困境。

在品质方面，复合调味品的传承与发展是一项长期且艰巨的任务。品质始终是调味品行业的核心竞争力，健康与美味并存，性价比则是消费者选择的关键因素。随着健康意识的提升，复合调味品行业需更加注重产品的健康属性。

目前，复合调味品的种类日益丰富，产量和消费量均位居全球前列。消费能力和消费趋势呈现积极态势，市场需求持续增长。然而，在进出口方面，复合调味品仍有发展空间。

面对源头成本的不断增加和新兴消费趋势的出现，复合调味品行业需不断创新，实现新价值。这包括提升产品品质、满足特色需求、提高性价比等方面。

未来，随着消费者对食物风味要求的不断提高，细分复合调味品市场将更加精细化。品牌和产品需紧跟市场需求，提升品质，以满足消费者对特色、健康、美味和性价比的综合需求。

11. 中国火锅复合调味品概览

火锅作为中国饮食文化的重要组成部分，其复合调味品同样承载着深厚的传统与创新。对于火锅底料，我们追求极致化、标准化和规范化，确保口味的稳定与一致。未来的复合调味品行业，或许将借鉴火锅底料的标准化模式，以此推动整个行业的进步。

火锅复合调味品之所以能够风靡全球，关键在于其独特的选料、配料、炒料等工艺流程，以及火力控制、风味提取等关键要素。这些因素共同构成了火锅复合调味品的魅力，也为其走向世界舞台奠定了基础。在增长趋势上，火锅复合调味品展现出理性的发展态势。虽然增速不再像过去那样迅猛，但其可持续发展空间依然广阔。这得益于消费升级的推动，以及对产品品质和使用体验的不断追求。消费者更加注重"吃好"，而非简单地追求数量，这种趋势有助于行业的稳定与健康发展。

随着市场的不断细分，火锅相关产品如冒菜、麻辣烫等也在不断创新和演变。新的消费趋势如钵钵鸡、乐山烧牛肉等不断涌现，为火锅复合调味品行业注入了新的活力。然而，尽管火锅专用复合调味品市场琳琅满目，但真正具有王者风范的产品却并不多见。这意味着市场仍有巨大的操作空间和发展潜力。当前市场上的产品轮替速度快，生命周期短暂，话语权尚未形成。因此，对于企业和品牌而言，如何打造出真正具有竞争力的火锅复合调味品，将成为未来竞争的关键。

复合火锅风味的探索与创新永无止境。为了满足更广泛的需求，我们需要不断细化、拓展、深化和专业化。这种需求不仅仅局限于火锅领域，还可以延伸至其他多种消费场景。在特色创新方面，某些火锅复合调味品因其独特的风味而受到消费者的青睐。尽管这些产品的价格可能并不低廉，但消费者愿意为其高品质和独特风味买单。这也为企业提供了启示：在追求创新的同时，也要注重品质和风味的提升。

四、全球化视角下的中国调味品行业

1. 全球化调味趋势

①全球销售与增长：调味品行业以销定产，全球推进，满足不断增长的海外需求，这是消费升级和追求高品质生活的必然结果。
②走向世界舞台：中国调味品拥抱全球，融合不同文化的味道，走向世界是行业发展的必然趋势。
③全球智能制造：调味品全球智造时代已来临，不仅关注调味品本身，还涵盖科技、文化、传承等多方面。
④世界级工厂典范：未来的工厂将满足人类对高品质调味品的需求，展现中国调味品的独特魅力。
⑤新消费引领全球：工业数字化推动调味品行业的创新，快速匹配全球消费潮流。
⑥重构全球贸易：全球化调味品市场日益复杂，需要更深入的洞察和策略。
⑦统一市场与全球机会：统一的大市场为全球调味品企业提供了降低制造成本的机会，成为资源整合的关键。
⑧渗透全球消费：全球化消费趋势不可逆转，调味品行业需紧跟这一趋势。
⑨两极分化与无形经济：世界经济在转型中面临挑战，无形资产的重要性日益凸显。

2. 国际环境变迁与影响

①经济复苏与挑战：全球经济处于慢性恢复阶段，调味品全球化发展面临一定的放慢趋势。
②需求与增长的矛盾：经济增长速度未能跟上需求变化，调味品新消费模式尚未成熟。
③市场回归与向好：经济增长预期向好，市场需求逐步恢复，为调味品行业带来机遇。
④全球化新势力：全球化消费趋势带来新的竞争态势，调味品行业需适应这一变化。
⑤消费潜力与升级：调味品行业发展潜力巨大，国内外市场消费常态交错，为行业发展提供动力。
⑥国际形势与供应链：国际形势对调味品供应链和消费链产生深远影响，需要行业灵活应对。
⑦融合与创新：融合全球调味品的非物质文化遗产，推动全球化调味的创新发展。

五、中国调味品消费趋势与现状

1. 健康消费崛起

①面食健康潮流：面食文化与健康消费趋势相结合，成为新的市场热点。
②健康意识增强：消费者对健康越来越重视，但实现健康消费仍面临挑战。
③营养消费衡量：消费者在衡量调味品消费时，更加注重营养和健康因素。
④健康消费意识：健康成为消费的首要考虑，对传统成本意识产生颠覆性影响。
⑤持续健康需求：健康需求的可持续性要求调味品行业长期耕耘，引领健康消费潮流。

2. 消费趋势多元化

①体验消费趋势：独特的消费体验成为趋势，调味品行业需满足消费者对健康、幸福感的追求。
②低脂消费兴起：低脂调味品逐渐受到消费者青睐，融合西式调味元素成为新趋势。

③价值观消费：消费者更加注重调味品所体现的价值观，追求自主创新和个性化消费。
④服务消费复苏：服务消费逐步恢复，调味品行业需提升服务质量和体验。
⑤沉浸式消费兴起：高度沉浸式的消费服务成为新趋势，调味品行业需创新消费场景和体验。
⑥悦己消费与氛围消费：消费者更加注重个人感受和生活氛围，调味品行业需满足这些需求。
⑦文旅消费带动：文旅消费带动调味品行业创新发展，融合文化元素成为新趋势。

3. 消费现状与挑战

①发掘消费潜能：调味品行业需通过创新和投资来发掘消费潜能，提升消费认知。
②提振消费预期：面对预期不振和信心不足的问题，调味品行业需提振消费信心，稳定消费预期。
③宏观消费趋势与应对：解决宏观趋势和应变之道，调味品行业需灵活应对市场变化。
④稳住消费基础：面对储蓄率居高不下的问题，调味品行业需通过提升品质来稳住消费基础。
⑤改革消费市场：调味品行业需进行市场改革，应对市场结构的变化和挑战。
⑥有效消费与理性消费：消费者越来越注重有效消费和理性消费，调味品行业需适应这一变化。
⑦消费时代变迁与技术创新：面对消费时代的变迁和技术革命的挑战，调味品行业需不断创新和变革。

4. 消费级层分化与重构

①升级与降级并存：消费升级和降级现象并存，调味品行业需满足不同消费者的需求。
②分级与裂级消费：分级消费和裂级消费成为新趋势，调味品行业需细分市场并提供多样化产品。
③消费数据与现实：通过消费数据洞察现实需求，调味品行业需更加精准地满足市场需求。
④消费结构重构：调味品消费结构正在重构，竞争日益复杂化，行业需灵活应对。
⑤多维消费与效率革命：多维消费和效率革命成为调味品行业发展的新趋势，需注重创新和效率提升。

5. 理性消费引领未来

①平衡调味需求：理性消费推动调味品行业平衡发展，满足消费者的多元化需求。
②嗜好性消费需求：理性消费带动嗜好性调味品的兴起，推动行业创新。
③专业化与成本优化：理性消费要求调味品行业实现专业化转型和成本优化。
④极致化满足与再造新需求：调味品行业需满足消费者的极致化需求，并再造新的消费需求。
⑤竞争场景与消费痛点：面对竞争场景和消费痛点的挑战，调味品行业需创新营销策略和提升产品品质。

6. 风味消费的新趋势

①记忆风味与消费趋势：记忆风味成为调味品消费的新趋势，推动行业创新。
②供需风味的错位与对接：供需风味的错位要求调味品行业更加精准地对接消费需求。
③风味定位与消费选择：风味定位成为消费者选择调味品的重要因素，行业需注重产品风味的研发和创新。
④新消费群体与风味消费：新消费群体的崛起推动调味品行业创新风味产品，满足个性化需求。

六、中国调味品有机维度：引领健康与未来

1. 有机调味品：时代的新选择

在全球化的背景下，有机调味品作为健康饮食的重要组成部分，正逐渐成为市场的新宠。在农业强国战略的推动下，国内消费者对有机调味品的需求日益增强，同时，这也符合全球范围内对有机食品的追求。有机调味品不仅为人们带来餐桌上的美味，更是健康生活的首选，代表着高品质生活的向往和追求。随着消费者对有机调味品认知的不断提升，它们正成为消费者选择优质调味品的重要途径。展望未来，有机调味品将成为未来健康消费的重要基石，推动调味品行业向着更加可持续的方向发展。

2. 有机调味品：未来的引领者

建立有机辣椒示范基地，旨在减少环境污染、保护土壤与生态系统，从而确保高品质植物的生长。在此过程中，注重养护高有机质土壤，改善土壤结构和生态环境，同时实现有机生产全过程的可追溯和可跟踪，确保产品品质和生物多样性。随着消费者对健康饮食的日益关注，有机调味品正成为引领消费新方向的重要力量，不仅提高了消费者对有机产品的认可度，更代表了未来市场与人类健康发展的必然趋势。为了顺应这一自然规律，调味品人积极推动有机生产技术的全面升级，包括生物技术、信息技术等，以提升产业整体竞争力，实现利国利民的目标。

3. 有机调味品：健康的守护者

有机调味品以其卓越的品质和多样化的品种，全方位满足了人们对健康生活的需求，展现了其独特的价值所在。作为健康生活的顶级选择，有机调味品不仅满足了人们对健康生活的刚需，更以其独特的口感和味道为消费者带来了全新的美食体验。同时，有机调味品还有助于改善食品品质，提高抗氧化性，为人们的健康提供有力保障。

尽管面临挑战，但有机调味品产业仍然充满希望与机遇。它让健康生活触手可及，让健康与美味的融合成为可能。作为提升产业竞争力的关键，有机调味品不仅有助于降低疾病风险，更是人们提前投资健康、避免健康与财富双重困境的明智之选。

因此，调味品人应该积极推广有机调味品，让更多的人了解其独特的价值和意义，共同推动有机调味品产业的繁荣发展。

第二章　中国调味品底层逻辑

一、调味品风味的流行趋势

1. 酸味流行

果酸酸汤，以其柔和持久的天然风味，成为了自然酸味的代表，展示了消费者对天然酸味的广泛接受度。随着调味趋势的发展，酸味口感也在不断变化，合成酸、酿造酸和天然酸三大类别各具特色，共同追求更加美味的口感体验（图2-1）。特别是酿造酸，如糟粕酸和凯里酸汤等，其独特的味道赢得了消费者的喜爱，市场接受度持续上升。凯里酸汤因其多样化的风味组合，成为了当前的消费热门。科技的进步也推动了酸味调味品的发展，全球范围内，不同酸味因子和健康因子成为消费者选择的重要考量。同时，酸味的碱性特性在体内消化后，对健康有着积极的影响。当前，天然酸已成为市场的新宠，满足了消费者对高质量、新鲜酸性食品的需求。新口感的趋势在黔菜中尤为明显，展示了酸味消费的升级方向。展望未来，酸味的趋势和市场潜力不可小觑。酸汤系列复合调味品凭借其独特的风味和营养价值，具有巨大的市场机会。

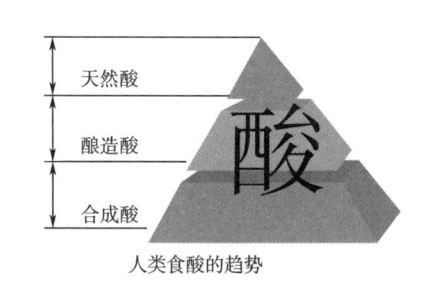

图2-1　人类食酸的趋势

2. 肽成风味新宠

①牛脂肪肽：其小分子肽的呈味特性，为麻婆豆腐等豆制品带来独特风味，显著提升口感体验。
②花椒籽肽：拥有成熟的研究体系，不仅能增强复合调味的层次感，更能突显新鲜花椒籽的醇厚风味。
③腐乳肽：在高品质风味的塑造中起到关键作用，为传统火锅带来别具一格的口感体验。
④大豆肽：通过多种微生物酿造技术，创造新的口感和价值，丰富调味品的多样性。
⑤腐乳肽与肉融合：结合腐乳的醇厚与肉的鲜美，创造出经典的味道记忆，如腐乳烧肉等佳肴。
⑥酿造肽：随着健康消费趋势的兴起，高质量发展的酿造肽产品更符合现代人对健康饮食的追求。
⑦小分子肽：特别适合老年人和幼儿，满足其健康成长的需求，为日常饮食增添营养与活力。
⑧豆豉肽：作为豆豉产品的升级之选，其独特味道和话语权为调味品市场注入新活力。

3. 松茸鲜调料崛起

近年来，松茸鲜调料逐渐崭露头角，成为调味品市场的新宠。这款专为家人健康打造的复合调味料，凭借其独特的优势，赢得了消费者的青睐。其减盐硬核的特点，成功实现了减钠50%的目标，同时保持了原有的咸味，为菜肴增添了更多层次的口感。

松茸鲜调料采用先进的鲜味科技，通过生物靶向技术精准提取风味营养元素。搭配珍稀的松茸等多菌菇，不仅颠覆了传统调味的认知，更为消费者带来了前所未有的味觉盛宴。这种自然鲜味源自松茸，口感独特，让人回味无穷。

值得一提的是，松茸鲜调料还具有营养健康的特点。松茸作为一种广受认可的营养食材，其营养价值在调料中得到了充分体现，为消费者提供了健康营养的选择。同时，这款调料还适合作为中老年人的健康礼品，分享健康与爱，传递家的温暖。

此外，松茸鲜调料还非常适合儿童食用。它减少了孩子摄入高盐的风险，有助于培养健康的饮食习惯。其鲜咸合一的特点，让人们在享受美味的同时，也不用担心口感不适。吃完不口干，让消费者愿意反复购买，形成稳定的消费习惯。

作为一款无添加剂、自然散发鲜味的调味料，松茸鲜调料满足了各种烹饪需求，成为超流行的重复食用佳品。它的出现，不仅丰富了调味品市场，更为人们带来了健康美味的饮食新体验（图2-2）。

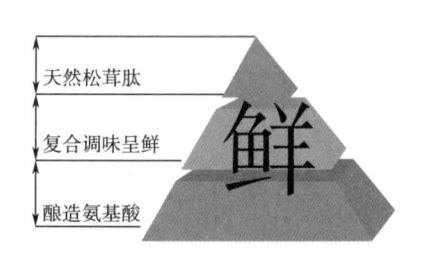

图2-2 中国调味品鲜味的秘密

4. 辣椒产业蓬勃发展

近年来，中国辣椒产业呈现出蓬勃发展的态势。在辣椒红全球领先方面，中国在色素提取、种子种植等领域均取得了显著成就，为全球辣椒产业树立了标杆。然而，在高辣辣椒领域，我国与国际先进水平仍存在一定差距，需要进一步提高国际竞争力。

面对进口高辣辣椒的竞争，我国辣椒产业仍需努力，力争通过技术创新和品质提升，逐步替代进口高辣辣椒。同时，火锅专用辣椒作为需求量大的细分市场，亟待突破，以满足日益增长的消费需求。

专用辣椒的需求趋势正在不断上升，特别是在烧烤、拉面等领域，专用辣椒的应用越来越广泛。为了推动辣椒产业的持续发展，全产业链整合显得尤为重要。通过金融属性的提升，可以进一步促进辣椒产业的优化升级，提高整体竞争力。

鲜辣椒逐渐代替干辣椒成为新趋势，鲜辣椒制品受到消费者的广泛欢迎。辣椒独特的风味广受认可，不仅推动了消费量的增长，也为辣椒产业带来了更多发展机遇。

综上所述，中国辣椒产业在保持全球领先地位的同时，仍需努力提升高辣辣椒的国际竞争力，加强专用辣椒的研发与应用，以及推动鲜辣椒制品的市场拓展。通过全产业链整合和金融属性的提升，相信我国辣椒产业将迎来更加美好的未来。

5. 花椒产业动态

①芳香特性：不同花椒芳香风味各异，推动调味品创新。
②青花椒多样性：鲜、干、湿状态风味不同，使用需区分。
③香味稳定性：保证花椒香味稳定性对调味品至关重要。
④麻味稳定性：标准化麻味来源和加工措施待解决。
⑤独创技术优势：复合香辛料与花椒结合创造新风味。
⑥花椒系列产品：花椒全身是宝，开发新产品满足消费需求。
⑦不同优势组合：利用各地区花椒优势，实现合作共赢。
⑧鲜花椒代替干花椒：新技术实现保色、保鲜、保麻，提升竞争力。

市场上，实现麻味标准化的调味品并不多见，多数产品存在麻味不稳定的问题。具体来说，使用标准化麻味花椒的调味食品中，麻味下降的情况占32.2%；因花椒麻味不一致导致调味食品麻味不稳定的占45.3%；即使在使用标准化花椒或花椒提取物的条件下，仍有12.9%的产品麻味不稳定。相对而言，能够保证麻味稳定一致的产品仅占9.6%，如图2-3所示。

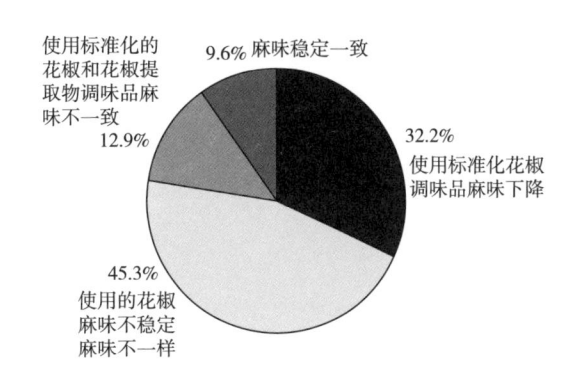

图 2-3　2023 年中国调味品麻味不稳定性研究

二、中国调味品消费的特点

1. 成熟性

调味品作为日常饮食的必需品，其成熟性体现在多个方面。首先，调味品本身承载着满足人们对美食的追求，人们对其品质、口感和效果有着明确的期待。其次，调味品是生活的基础，其美味与健康是人们对美好生活的向往。最后，调味品的消费是持续且必要的，尤其在追求健康饮食的当下，人们对高品质调味品的需求越发迫切。

2. 现实性

调味品市场的现实性体现在消费行为的实际变化上。随着消费信息的透明化，人们对调味品的选择更加细化，支出也更为合理。同时，调味品行业面临着规范与合理使用的挑战，科学、合理、规范地使用食品添加剂成为行业发展的必然趋势。此外，新的生活方式和数字化趋势也在影响调味品市场的竞争格局。

3. 刚需性

调味品作为日常饮食的必需品，其刚需性不言而喻。无论是家庭、餐饮还是其他消费领域，调味品都是不可或缺的存在。随着人们对美食的追求和对健康的关注，调味品的刚需性将进一步增强。

4. 回归性

调味品行业的发展正逐渐回归其本质。人们开始关注调味品的日常需求、调味价值和消费记忆，而非仅仅追求新奇和潮流。同时，调味品行业也在回归品质、个性和年轻化的方向，以满足不断变化的消费需求。

5. 发展性

尽管调味品行业面临着一些挑战，如消费结构的变革和存量竞争等，但整体而言，调味品行业的发展前景依然向好。随着人们对美食和健康的需求不断增长，调味品行业将迎来更多的发展机遇。同时，调味品行业的引流代表、原创赋能和细分增多等趋势也将推动行业的持续发展。

总的来说，中国调味品行业具有成熟性、现实性、刚需性、回归性和发展性等特点。面对不断变化的市场环境和消费需求，调味品行业需要不断创新和调整，以适应时代的发展。

三、中国调味品行业消费力

1. 中国调味品消费力不足

在当今的消费市场中，调味品行业面临着诸多挑战与机遇。消费力不足的问题主要表现为收入支配减少、对消费预期减弱以及消费更加合理等多方面原因，中国调味品消费力见图2-4。收入支配减少源于经济下行、需求收缩以及老龄化等因素，导致消费者更加注重支出的合理性和精准性。同时，随着家庭小型化和中产增长放缓，调味品消费总量也在减少。

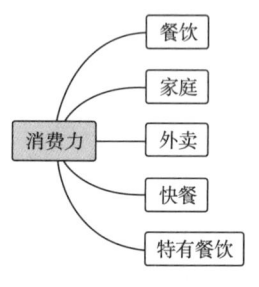

图2-4 中国调味品消费力

对消费预期的减弱则受到数字化信息时代变化、耐用调味品低迷以及低度循环等因素的影响。消费者越来越理性，预期的消费正在发生变化，调味品市场需要寻找新的增长点。此外，消费更加合理，人们更加注重品质消费和健康消费，调味品行业需要适应这一趋势，推出符合消费者需求的高品质产品。

在面对这些挑战的同时，调味品行业也迎来了新的机遇。即食反弹、吃合理以及一拆一合等消费趋势为调味品行业提供了新的发展空间。消费者对于美味和健康的追求不断升级，调味品行业需要不断创新，满足消费者的需求。同时，私域增长、小业态以及"垂"类分布等新型业态也为调味品行业带来了新的增长点。中国调味品创新见图2-5。

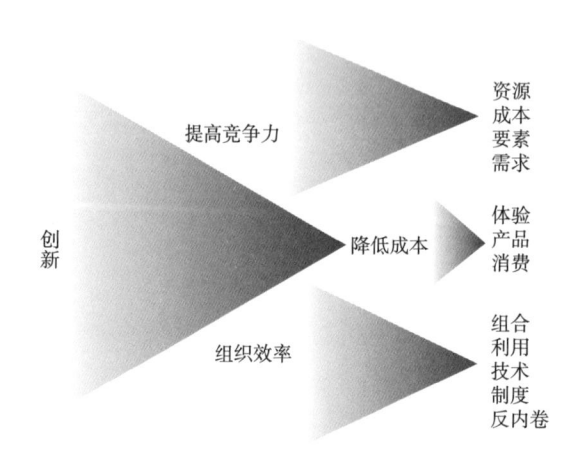

图2-5 中国调味品创新

然而，消费浪费在减少、消费能愿性低以及没有更好的刺激消费因素等问题仍然困扰着调味品行业。为了应对这些问题，调味品行业需要精耕终端、减少浪费、提高消费者参与度并关注消费者的本质需要。同时，行业还需要修炼内功、传递美味、关注健康需求和场景需求等方面的工作。

总之，调味品行业在面临挑战的同时也迎来了新的机遇。只有不断创新、适应消费者需求的变化并关注消费者的本质需要，才能在激烈的市场竞争中立于不败之地。

2. 满足消费的硬核需求：调味品市场的制胜之道

（1）困中寻变：市场的新机遇。

市场之道，不在坦途，而在探索。面对困境，调味品行业应敢于破旧立新，发掘新的路线、机会、手段、思维与需求，将"无路"变为"最好的大道"。

（2）大处着眼，小处着手：市场的精细转变。

调味品行业正经历从大生产、大流通、大传播向小生产、小传播、小渠道的转变。这种转变要求企业紧密结合消费买点和销售卖点，实现市场的深度挖掘和高效运作，从而实现调味品市场的大到小转变。

（3）买点为王：消费者需求驱动市场。

在调味品市场，消费者的需求才是真正的卖点。企业应站在消费者的角度，打造满足其需求的产品和服务。买，才是市场的硬道理，而卖，已不再是主导。买卖之间，时代的差距一目了然。

（4）卖点精准：消费者心智的清晰映射。

调味品的卖点应源于消费的底层逻辑，细致、精准、明了，清晰可见。这样的卖点才能触动消费者的心智，引发购买行为。

（5）规格标准：消费驱动销售的新篇章

消费调味品的过程是研究销售的主要内容。通过标准化常见消费规格，企业能更精准地满足消费者需求，实现买点和卖点的顺畅转换，开启销售新篇章。

（6）快速崛起：应对消费不稳定性的新策略

在调味品市场中，消费的不稳定性、不确定性和难以持续性是常态。企业需灵活应对，通过创新卖点来驱动销售的快速增长，实现快速崛起。

（7）持续增长：脉冲与长期的平衡之道

调味品市场的卖点既要追求脉冲式发展，也要注重长期发展模式。只有在满足消费者不断变化的需求的同时，才能实现市场的持续增长，让消费者自动重复消费。

（8）消费分层的必然性与新机遇。

①分层认知：调味品市场的多元解读。

消费分层决定了调味品市场的多元认知。不同层次的消费者对于调味品的需求和认知存在差异，这为市场提供了丰富的机遇和挑战。

②内容创新：分层驱动的策略变革。

消费分层促使调味品销售内容发生变革。针对不同层次的消费者，企业需创新销售内容，以满足其个性化的需求，从而在市场中脱颖而出。

③整合传播：减少分层障碍的新途径。

整合传播策略在一定程度上能够减少消费分层带来的障碍，提高市场渗透率和消费者满意度。然而，对于深层次消费分层，整合传播的作用可能有限。

④渠道融合：打破传统经销模式的新趋势。

随着调味品市场的深度发展，传统经销模式面临挑战。消费分层的深化将促使调味品销售渠道的融合与创新，降低经销难度，减少矛盾冲突，为市场带来新的增长动力。

⑤界限消解：新消费模式的崛起与融合。

调味品消费分层的融合将打破原有调味、餐饮、消费之间的界限，催生新的消费模式和商业形态。这种界限的消解将推动市场的创新和发展，为消费者带来更多选择和体验。

⑥新阶层的诞生：分层引领市场变革的新力量。

消费分层将推动调味品市场产生新的商业阶层、新思维和新消费模式。这些新阶层将引领市场走向更加多元化和个性化的未来，为调味品行业带来新的增长点和机遇。

⑦分层趋势：从水平到垂直的整合新方向。

调味品消费分层的发展趋势将从水平整合转变为垂直整合。这种转变将实现更多消费内容的协调一致和整合抱团，展现市场的刚性和韧性。通过垂直整合，企业可以更加深入地了解消费者需求和市场变化，从而制定更加精准和有效的市场策略。

⑧迷失与探索：分层中的挑战与机遇并存。

在调味品消费分层的影响下，企业可能面临市场迷茫和惆怅的挑战。然而，这也为企业提供了重新定位、探索新路径的机遇。只有不断适应和引领消费分层的变化，企业才能在激烈的市场竞争中立于不败之地，实现可持续发展。

四、中国调味品消费的可持续发展

1. 洗牌持续

调味品市场正经历一场深刻的新老交替，洗牌不断。为了保持盈利水平，企业必须从消费者需求出发，开发出低盐、高品质、高维度、多用途的新型调味品，满足新消费时代的多元化需求。这一更替过程不仅促进了价值的增值，也推动了体验消费与孵化变现的升级。然而，市场内卷现象日益加剧，多重挑战如价格、人力、成本、原料等让多家企业陷入困境（图2-6）。为了化解竞争，避免同质化，企业需从源头创新，抓住消费者的真正需求，以鲜辣椒、鲜花椒等独特调味品为突破口。在多变的市场环境下，快速跟进消费需求，掌控行业洗牌的进度，成为确保企业立足的关键。面对市场的内卷现象，企业不应只关注价格和成本，而应更加注重满足餐饮业的复合调味品需求。新品牌在面对挑战时，需要降低预期，确保生存，避免过度洗牌。在品牌誉价机会减少的低誉价期，企业应锻炼生存能力，坚守本职工作，以生存为基础。最终，通过重塑消费者对品牌的信心，将消费的力量转化为品牌发展的动力，调味品行业将迎来更加美好的明天。

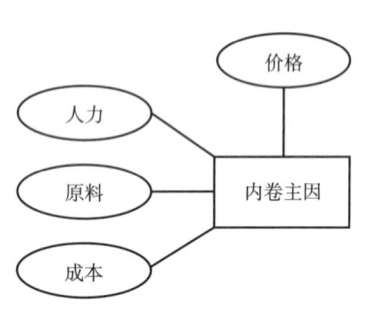

图2-6 中国调味品行业内卷主因

2. 持续变化

在调味品行业的连续发展中，我们必须不断适应和应对市场的持续变化。从源头上完善调味品价值，夯实原料基地，是摆脱行业内卷、增强品牌价值的关键。随着消费数据的不断积累，数字化进程正驱动着品牌销售的变革，为消费带来无限可能。在消费复苏的背景下，调味品不仅要满足口腹之欲，更要通过美味创造更好的生活体验。同时，人口老龄化和低出生率正在影响消费结构，推动调味品行业向多元化发展，以满足老年、新生儿、健康等不同群体的消费需求。

数字化转型为调味品行业带来了价格、便利、价值等多方面的变革，让我们能够更直接地聚焦供需关系，满足全客层、全天候、全场景、全链条的消费需求。在这个过程中，行业信息的透明化成为大势所趋，追求透明化消费已成为消费者自然形成的竞技状态。然而，同类产品过多导致微利时代来临，调味品行业需要深入思考如何在微利中寻求持续的发展。

面对这些挑战，厂家、合作伙伴、经销商和消费者都需要紧密合作，共同研究市场趋势，确保品牌的可持续发展。只有这样，我们才能在不断变化的市场中立于不败之地，为消费者带来更好的调味品体验。

3. 消费疲软持久战

在消费疲软的市场环境中，调味品行业面临着持久战的挑战。为了克服这一困境，行业需要聚焦单点突破，通过提供极致性价比的产品来满足消费者高效极致化的需求。专用调味品如火锅、高汤、烧烤等，成为行业内的畅销品类，它们通过专用消费带来了细化消费竞争力，为行业在疲软市场中找到了突破口。

调味品行业必须顺应时代和消费趋势，以极致化的消费带动行业发展。面对不确定的未来，行业需保持前瞻性，既要确保短期内的经济价值，也要考虑长远的发展。在宏观经济和行业增长充满不确定性的背景下，未来调味品消费也充满了变数，因此，行业需要围绕消费开展长期工作，稳定市场基础。

消费疲软的影响广泛而深远，行业需要用心服务每一位消费者，通过单一消费代表的选择来完成整体消费的选择。同时，需要从长远和多维角度提振行业信心，为调味品行业创造新的增长点。在这个过程中，通过满足消费者需求、传递消费价值，打造持久战的战略和手段，是调味品行业赢得市场、赢得未来的关键。

4. 人们选择的多样化

在调味品行业，消费者的选择日益多样化，这为行业带来了无限的可能性。为了满足消费者的地区化需求，品牌需要实现地区化扩张，传播特色风味，从而加强品牌建设和提升销售体验。同时，随着消费者选择的调味消费不断发展，行业需要融合这些变化，提升餐饮和调味品行业的标准，完善品牌建设。

当前，人口结构的变化使得消费更加理性，调味品消费人群需要更加关注消费者的真实需求。在这个背景下，调味品品牌诞生于消费者选择的必然之中，因此，挖掘中国特色消费调味品元素的价值显得尤为重要。

面对市场的挑战和阵痛，调味品行业需要逆流而上，应难而生。要把握消费变化，顺势而为，踏实守正创新，因消费变化而变革。只有这样，才能通过调味品创造美味联动，产生消费共鸣，满足消费者的多样化需求。

此外，调味品涉及链式消费，影响着人们的刚需，产生无限可能的链接价值。因此，抓住消费痛点和需求点，通过有效的传播产生供需关系的奇迹，转变消费意义，传播中国味道，是调味品行业未来的重要发展方向。

5. 金融助力调味品行业焕发新生

随着金融资本或商业资本的深入参与，中国调味品行业正迎来全新的发展机遇。金融资本或商业资本的注入不仅为调味品渠道建设注入了新活力，推动了全渠道的高效运转，更助力打造了一批独特领域领先、全球共享的品牌。然而，对于未能实现持续增长的企业而言，金融资本或商业资本的加入也意味着利益的稀释，既是机遇也是挑战。在这个过程中，调味品企业需要利用金融资本或商业资本逐利，但也要付出相应的代价，这包括满足市场和消费者的认可。值得一提的是，随着金融资本或商业资本的推动，调味品企业纷纷进行全消费链布局，完善消费链成为竞争优势的关键。因为消费变化决定了调味品的未来，满足消费者需求是制胜的关键所在。最终，金融资本或商业资本将推动调味品行业的消费革命，实现多渠道、数字化、高效化的消费带动，为行业的持续发展注入强大动力。

6. 中国调味品销售博弈

在中国调味品销售领域，博弈无处不在。随着线上体验成为消费新选择，企业需竭尽全力适应并引领这一消费逻辑的转变。线上线下的多渠道结合，让调味品企业得以从多个角度展示产品的独特价值，进而提升消费者的接受度。在这场激烈的博弈中，线上多渠道资源的竞争尤为突出，调味品企业需要巧妙运用直接和间接的力量，以形成自身的竞争优势。

不仅如此，调味品企业间的博弈也愈演愈烈。为了在市场中占得先机，它们纷纷在价格、源头、原料等方面展现自己的实力，力求夺取竞争的话语权。在这场博弈中，经销商与多渠道之间的利益关系也愈发复杂，它们之间的博弈不仅挤压了市场的接受能力，也考验着企业的实力与智慧。在这场调味品销售的博弈中，谁能够抓住机遇，谁就能在未来的市场中脱颖而出。

五、中国餐饮调味品的新变革

1. 消费减量趋势

①B端萎缩：随着工资水平的波动，B端餐饮的销量遭遇断崖式下滑，而C端消费逐渐成为新潮流。对于B端，投入更多努力可能只换来微薄的回报。

②人数缩减：在数字化浪潮下，餐厅的顾客数量不断减少，与此同时，偶然性、必然性和带动性的消费也在持续下滑。

③习惯力量：2023年餐饮的不景气预示着2024年的困境。消费习惯决定了减量的不可避免性，唯有激发消费热情，才能带来真正的变革。

④开关产业：调味品与餐饮产业紧密相连，其兴衰直接影响着餐饮业的起伏。无论市场如何变化，总体消费量仍在减少。

2. 餐饮新潮流

①精准与高效：调味品正满足餐饮零售的精准需求，私域供应更加高效。数字化已让有无实体店变得不再重要。

②个性与尊重：调味品的多样化满足了消费者的个性化需求，为餐饮赋予了更多话语权。

③革新引领：调味品行业的创新为餐饮带来了新的活力，复合化、标准化、科技化的趋势让餐饮更具潜力。

④新洗牌时代：调味品推动了餐饮业的连锁化、体验化和示范化，带来了新一轮的行业洗牌。

⑤成本整合：餐饮业的各类成本正在不断优化，从而大大降低了运营成本。

⑥直接操作：多样的餐饮操作方式激发了消费者的烹饪热情，为餐饮业的稳定发展提供了新机会。

⑦创新产品：根据消费习惯的变化，复合调味品层出不穷，满足了餐饮需求，并带来了新的消费体验。

⑧超级享受：调味品与餐饮热点的结合，提供了更健康、便捷和物有所值的消费体验。

3. 未来展望

①平台挑战：调味品销售平台的影响力逐渐减弱，其服务内容已不能满足消费者的需求。

②黏性降低：调味品市场的同质化现象严重，导致消费者忠诚度下降。

③利润压缩：缺乏稳定供应链的调味品企业需要不断调整，其利润空间越来越小。

④消费降级：消费者更倾向于选择高品质、少量的调味品，导致整体市场消费量减少。
⑤新常态：调味品消费呈现规律性的下降趋势，这将成为行业发展的新常态。
⑥消费夯实：面对不确定的未来，企业只有深入了解消费者需求，才能确保产品的竞争力。
⑦绿色消费：调味品行业未来将更加注重绿色生产，实现节能减排，促进可持续发展。
⑧加工升级：深度加工将提升调味品的质量和价格，同时丰富消费者的选择，引领行业的新方向。

六、中国调味品消费的发展趋势

1. 追求极致体验

在调味品行业的新潮流中，调味品人致力于将食物提升至极致，释放巨大的消费潜力。特别是有机食品，它们以天然、健康的特点，引领着健康饮食的新潮流。我们倡导极致主义的调味品消费，追求每个元素的精致、透明和清晰，为消费者带来前所未有的体验。同时，我们重视健康需求，推动形成减量消费的新趋势，将非必需消费转化为刚需价值，让调味品消费更加实用、踏实和稳重。在数字化的浪潮下，我们实现线上线下融合，打造全新的消费体验。高端与普通消费需求并存，新消费人群引领着潮流，追求极致体验。而数字化则助力提升人效产出比，使工作效率达到极致。这一系列的变化，正是调味品行业在追求极致中焕发出的新活力。

2. 大食物观引领新风尚

①本能消费：营造自然采购氛围，发挥调味品多功能特点，满足多样化需求。
②动态消费：构建逻辑系统，实现调味品间的互补与强化。
③定势思维：形成定势思维，推动调味品销售多元化。
④弥补不足：拓宽调味品销售思路，实现多种组合满足消费者需求。
⑤释放潜能：挖掘消费潜能，满足新消费需求，助力调味品行业可持续发展。
⑥利他新能：以消费者为中心，推动调味品创新，满足消费者高品质需求。
⑦选择面广：拓展消费选择，细分市场需求，提供更多可能性。

3. 大农业观助力产业升级

①消费点打造：整合调味品成为农业产业亮点，寻找新消费机会。
②做强加工：深化农产品加工，提升调味品及食品价值。
③走进千家万户：将农产品转化为美味食品，满足大众需求。
④消费者意见至上：以消费者意见为导向，推动农产品高质量加工和调味品创新。
⑤放缓新常态：农业可持续发展助力调味品行业升级，满足高品质消费需求。
⑥满足需要：利用私域流量和数字化管理，满足消费者多样化、高品质调味品需求。

4. 中国调味品消费的重构

①需求结构重构：适应消费者变化，根据不同地区、民族和风俗习惯调整需求结构。
②消费行为重构：随着消费行为变化，推动调味品消费的采纳、吸纳、释放、赋能和变化。
③消费记忆重构：利用消费记忆形成新的调味品组合和选择。
④消费内容重构：细化、整合和组合消费内容，实现内容消费的多样化。
⑤消费因素重构：综合考虑方便、美味、成分、营养等因素，形成特色调味品结构。

⑥场景重构：赋予消费更到位的场景体验，实现消费与场景的融合。
⑦延展重构：通过延展带来消费结构的创新，创造新的消费机会。
⑧线上线下重构：整合线上线下资源，创新调味品销售模式。
⑨消费端重构：通过样板、案例和示范引领调味品消费新潮流，吸引更多消费商参与。
⑩业务重构：利用数字化、规律化和在线化手段整合调味品业务。
⑪渠道重构：梳理和优化消费渠道，实现更多创新。
⑫消费细分重构：通过细分消费找到共同点，实现差异化消费。
⑬消费价值重构：聚焦调味品功能和作用，重构消费价值体系。
⑭性价比重构：优化调味品性价比，实现品价比升级。
⑮信心重构：总结消费趋势，重塑调味品消费信心。
⑯价格业务模式重构：满足消费黏性需求，创新价格和业务模式。
⑰创新重构：通过创新组合不同内容，实现意想不到的消费体验。

七、如何解决消费调味品增长的难题

面对调味品消费增长的难题，需采取一系列策略来应对。首先，消费引流是关键。通过预期引流，可以利用人们对调味品的期待，实现提前消费。在经济下行时，可以解困引流，帮助调味品企业渡过难关，带动新消费。成本引流则通过优化成本结构，提升调味品性价比，吸引消费者。创新引流则依赖于调味品行业的创新，满足消费者对高品质产品的需求，中国调味品创新内核见图2-7。同时，节耗引流和务实引流强调减少浪费，提高资源利用效率，让消费者更加理性地选择调味品。价值引流则强调调味品消费的最大价值，让消费者感受到物超所值。消费商引流则通过让消费者参与到消费过程中，实现消费价值的最大化。

在解决消费增长难题的过程中，狠抓效率也至关重要，需要强控成本，提高调味品全消费链的效率。同时，人效、物效、时效的提升也是关键，通过提高人的工作效率、整合物质资源、利用时间资源，实现调味品消费链的高效运作。预期化、数字化、工业化、平衡化、公平高效的实现，将进一步推动调味品行业效率的提升。

此外，做实消费也是解决增长难题的重要途径，需要根据消费特征、特点和特性，制定针对性的消费策略。同时，利用消费认知、消费数据和创新内核，推动调味品消费的增长。动能增长、淘汰低水平、最大潜能和消费流程的优化，将进一步提升调味品消费的实质性和可持续性。

要实现单品销售过亿的目标，需要设定明确的目标，制订全面的计划，运用整体思维进行规划。在战胜困难的过程中，需要认清认知优势和亲民消费的重要性。通过寻找购买理由，让消费者更加愿意购买我们的调味品。

那么，消费者的欲望究竟在哪里呢？需要通过价值再造、超性价比等手段，满足消费者的多元化需求。同时，需要颠覆传统的底层逻辑认知，通过自我革新、提前布局和规划等策略，让消费者真正感受到调味品的价值和魅力。

八、中国调味品消费全返新纪元

1. 消费全返新定义

①概念阐述：调味品消费全返，指的是消费者在购买调味品时，企业返还其支付的全部或部分金

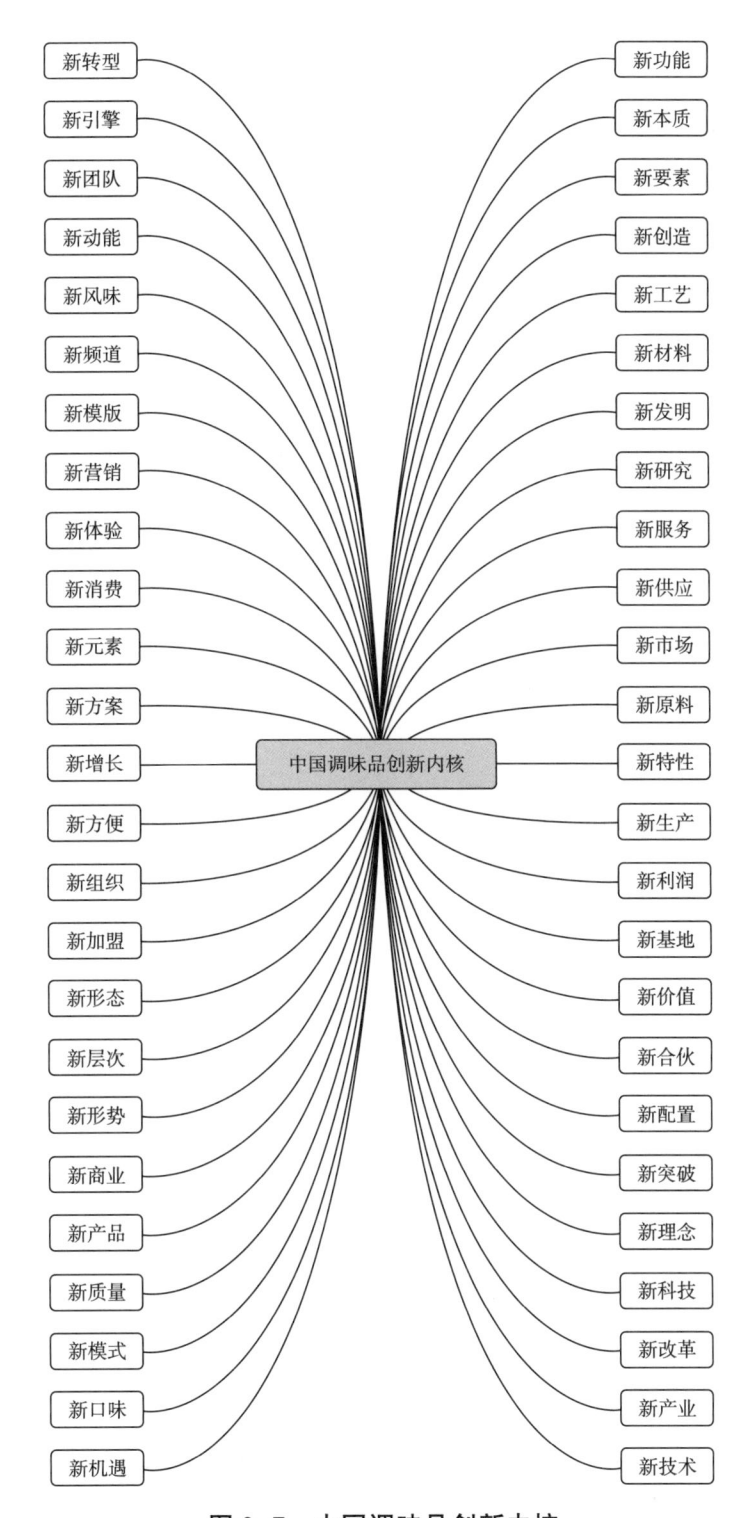

```
新转型                                    新功能
新引擎                                    新本质
新团队                                    新要素
新动能                                    新创造
新风味                                    新工艺
新频道                                    新材料
新模版                                    新发明
新营销                                    新研究
新体验                                    新服务
新消费                                    新供应
新元素                                    新市场
新方案                                    新原料
新增长    ── 中国调味品创新内核 ──        新特性
新方便                                    新生产
新组织                                    新利润
新加盟                                    新基地
新形态                                    新价值
新层次                                    新合伙
新形势                                    新配置
新商业                                    新突破
新产品                                    新理念
新质量                                    新科技
新模式                                    新改革
新口味                                    新产业
新机遇                                    新技术
```

图 2-7 中国调味品创新内核

额，为消费者带来"零成本"的购物体验。

②需求升级：面对消费者日益增长的购物体验和价值追求，传统的优惠和折扣已难以满足其需求。

③全新模式：全返经济模式的出现，不仅为消费者带来前所未有的购物体验，同时也为调味品行业开辟了新的销售路径。

④消费即赚钱：消费者在享受全返或部分返还的同时，还能通过邀请好友等方式获得额外奖励，

实现真正的"消费赚钱"。

2. 颠覆传统促销策略

①传统促销手段：传统的调味品促销主要通过打折、满减等方式吸引消费者。
②零成本购物：而消费全返则让消费者实现零成本购买调味品，彻底改变了传统促销模式。
③忠诚度的培养：企业需不断创新和提高服务质量，以满足消费者需求，进而培养消费者忠诚度。

3. 促进复购新动力

①全返的魅力：由于全返或部分返还的优惠，消费者更愿意再次购买，从而促进了复购率的提升。
②复购的刺激：全返经济模式不仅颠覆了传统企业发展模式，更刺激了复购消费调味品成为规律性行为，进而提升了企业的销售额和品牌形象。
③满意度与复购：消费者在享受返还的同时，感受到企业的关怀和回馈，从而提高了满意度，进一步增加了复购的可能性。

4. 提升消费者体验

①全新体验：调味品消费全返为消费者带来了全新的购物体验和价值感受，满足了其多元化的需求。
②销售与形象的提升：全返模式不仅提高了企业的销售额和市场份额，还在消费者中树立了良好的品牌形象，增加了消费者的好感度和信任度。
③数字化转型：企业需借助数字化转型，深入了解消费者需求，以提供更优质的服务体验。

5. 消费全返的未来趋势

①主流趋势：随着市场的演变，调味品消费全返将成为主流购买方式，让高品质的调味品敢于全返销售。
②广泛应用：随着消费者对调味品体验和价值追求的提升，全返模式将越来越广泛和深入地应用于调味品行业。
③运营效率的提升：随着全返模式的深入发展，企业需借助数字化转型提高运营效率，以应对日益激烈的市场竞争。
④竞争加剧：全返模式的发展将加剧企业间的竞争，促使企业不断创新和提升服务质量，以赢得市场青睐。

九、中国消费调味品的金融属性

1. 金融调味品的新篇章

①金融属性：调味品不再仅仅是调味的工具，它正在形成全民参与的价值体系。以川调、火锅等特色调味品为例，它们所展现的不仅是美味，更是金融投资的潜力。调味品行业的发展与金融属性紧密相连，这是行业走向成熟的必然趋势。
②强消费趋势：随着调味品品质的提升，消费者对调味品的需求也在逐步升级。这种强消费趋势正在推动调味品行业的金融属性更加明显。
③行业规律：随着调味品产业的规范化，其标准、价格和质量体系都在逐步完善。这不仅提升了

调味品的价值，还为金融投资提供了更加稳健的支撑。

④竞争与淘汰：调味品行业的金融属性将加速低质、低价产品的淘汰，使得消费更加有规可循，行业更加健康。

⑤超级利润与消费满足：调味品行业正努力实现超级合理利润，为消费者带来更加美味、有道理的选择。

⑥通胀补贴与消费保障：面对通胀，调味品行业将提供必要的补贴，确保消费者的刚需得到满足，消费价值得到应有的回报。

⑦行业话语权与金融赋能：通过调味品的金融属性，行业将形成更强的话语权，对行业发展进行更加精准的预判，确保消费者的价值得到最大化。

2. 中国金融属性调味的鲜明特点

①规律性与竞争力：调味品金融属性的规律性正在成为行业竞争力的关键，推动有特色的调味品做大做强。

②高盐鲜与消费引导：根据消费特点，创造消费刚需，实现恰到好处的调味，引领消费新趋势。

③互通有无与协调发展：将无价值的产品做到极致，将有价值的产品输出合理化，推动调味品行业的协调发展。

④细节决定成败：消费细节正在成为影响调味品行业发展的关键，未来消费趋势将更加清晰可见。

⑤数字化与消费转变：调味品行业正在经历消费规律指数数字化的转变，为人们提供更加直观的消费体验。

⑥本色优势与健康发展：正确使用调味品的本色优势，推动行业的健康发展，实现消费与产业的双赢。

3. 中国调味原料的金融魅力

辣椒、大蒜、草果、陈皮、孜然、甘草等多种调味品原料都展现出了浓厚的金融属性。它们不仅在日常生活中扮演着重要角色，更在投资领域展现出巨大的潜力。随着人们对调味品原料的金融属性认识加深，这些原料将成为投资的新热点，为投资者带来丰厚的回报。

4. 中国调味价值的金融解读

①金融性价值与消费实现：调味品的金融属性在消费过程中得到充分体现，为消费者带来更加规范化的调味体验。

②溢价功能与产业增值：调味品金融属性的溢价功能使得消费更加合理，为消费者带来超值享受，同时推动产业增值。

③产业规划与金融平衡：通过调味品的金融属性，实现产业规划的平衡与发展，确保产业长期可持续。

④项目化与消费认可：将调味品金融属性项目化，弥补传统行业的不足，为消费者带来更加具有竞争力的地方经济和消费体验。

⑤政策与消费的底层逻辑结合：调味品的核心竞争力在于将一二三产融合形成的优势转化为乡村振兴的项目，实现政策与消费的底层逻辑结合。

⑥资金支持与消费带动：为调味品行业提供全方位的金融支持，确保消费带动行业健康发展。

⑦合理利润与消费满足：在调味品行业实现利润更加合理化的同时，满足消费者对美味的需求。

⑧金融服务与产业规范：金融服务将为调味品产业链提供全方位的支持，推动产业科学、合理、规范发展。

第三章　中国调味品链改革必然性

一、中国调味品链的演进与重塑

1. 调味品链的核心价值

在当前的消费趋势和市场竞争下，调味品行业正经历着深刻的变革。为了生存与发展，调味品企业不仅需要强化自身的品牌和产品，更需关注整个调味品链的整合与优化。

①生存挑战：面对激烈的市场竞争和消费者日益提高的品质要求，调味品企业需要找到新的生存之道。

②源头强化：优质的调味品离不开其源头——原料。只有确保原料的品质，才能打造出高品质的调味品。

③品质为王：在调味品市场中，品质始终是决定胜负的关键。只有稳定且优质的品质，才能赢得消费者的信赖。

2. 调味品链的未来发展趋势

随着消费者需求的不断变化和市场环境的持续演进，调味品链也呈现出一系列新的发展趋势。

①消费者意识觉醒：消费者对调味品的关注从简单的味道转向了更为全面的配料表、原料组成和生产日期等方面，显示出对健康、营养的更高追求。

②场景化消费：调味品的消费场景日益丰富，不同场景下的调味品需求也在发生变化，这为调味品企业提供了更多的市场机会。

③数字化变革：随着信息技术的快速发展，调味品行业也正在经历一场数字化革命。数字化手段不仅提高了生产效率，也为消费者提供了更为便捷的购买方式。

二、中国调味品链的多元化布局

1. 细分领域的深耕

调味品行业的细分领域众多，每个领域都有其独特的发展特点和市场需求。
①供应链优化：通过优化供应链，提高生产效率和产品质量，满足消费者日益增长的需求。
②消费链创新：针对消费者的新需求，创新调味品的消费模式和渠道，打造全新的消费体验。
③数字链构建：利用数字化手段，实现调味品信息的透明化和可视化，提高消费者的信任度。

2. 调味品链之间的协同与共生

不同的调味品链之间并非孤立存在，而是相互关联、相互影响。
①全产业链整合：通过整合全产业链资源，实现资源共享和优势互补，提高整体竞争力。
②跨界合作与共创：与其他行业进行跨界合作，共同打造全新的调味品消费体验和市场机会。

三、中国调味品链的革命性突破

1. 数字化驱动的转型升级

数字化技术为调味品行业带来了前所未有的发展机遇。
①数字化工具的广泛应用:利用大数据、云计算等数字化工具,提高生产效率和产品质量,降低成本。
②硬核技术的创新驱动:通过人工智能、区块链等硬核技术,推动调味品行业的创新与发展。

2. 调味品链的价值重塑

在数字化浪潮下,调味品链的价值也在发生深刻的变化。
①提升供应链价值:通过优化供应链,提高调味品的质量和效率,为消费者创造更大的价值。
②强化服务功能:通过完善服务体系,提高调味品行业的服务水平和竞争力。

3. 革命性竞争与合作

在数字化时代,调味品行业的竞争与合作也呈现出新的特点。
①上呼下应的产业协同:通过上下游产业的协同合作,共同打造更加完善的调味品产业链。
②交替转换的市场机遇:在市场的不断变化中,寻找新的机遇和挑战,推动调味品行业的持续发展。

四、中国调味品链的未来展望

1. 消费增量的新机遇

随着消费者对调味品需求的不断增长,调味品行业将迎来新的发展机遇。
①消费习惯的变化:随着消费者健康意识的提高,对调味品的需求也在发生变化。调味品企业需要紧跟消费趋势,推出符合消费者需求的新产品。
②链式效应的放大:通过强化调味品链的建设和优化,实现销量的倍增和品牌的强化。
中国调味品消费首选因素见图 3-1。

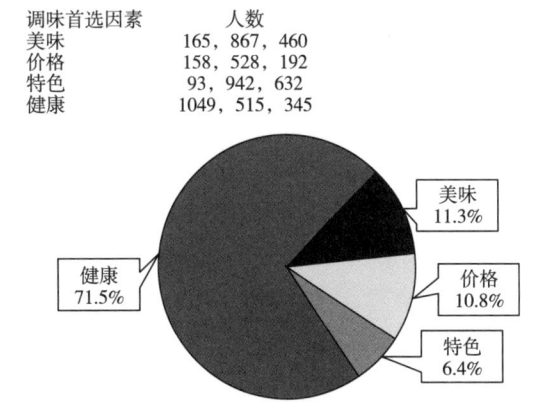

调味首选因素	人数
美味	165,867,460
价格	158,528,192
特色	93,942,632
健康	1049,515,345

图 3-1 中国调味品消费首选因素

2. 调味品链的创新与变革

面对市场的变化和消费者的新需求，调味品行业需要不断创新和变革。

①去品牌化的趋势：在消费者越来越关注产品本身而非品牌的背景下，调味品企业需要更加注重产品的品质和口感。

②品质泛文化的追求：将调味品的品质与文化相结合，打造具有独特魅力的调味品品牌和产品。

3. 调味品链的全球化布局

随着全球化的加速推进，调味品行业也需要积极拥抱全球市场。

①有序创业的机遇：通过有序的创业和创新，推动调味品行业的全球化发展。

②链式革命的深化：在全球范围内推动调味品链的革命性变革，打造更加完善的调味品产业链和消费链。

总之，中国调味品链正经历着深刻的变革和重塑。只有不断创新、优化和完善调味品链的各个环节，才能满足消费者的新需求，赢得市场的青睐。

第四章 预制菜

一、预制菜：一场餐桌上的变革

预制菜，作为一种新兴的食品形态，近年来逐渐走进了人们的日常生活，并在餐饮市场中占据了越来越重要的地位。它不仅满足了人们对于便捷、高效生活的追求，更在推动食品加工业和餐饮业变革方面发挥了重要作用。

1. 餐桌之菜：满足日常所需

预制菜以其实用性和多样性成为人们餐桌上的新宠。无论是忙碌的上班族还是家庭主妇，都可以通过预制菜轻松完成一日三餐的制作。它不仅能够满足人们的基本饮食需求，还能提供多样化的菜品选择，满足不同口味和营养需求。

同时，预制菜还适用于各种场合，如快餐店、团餐、家庭聚餐等。在快餐店中，预制菜能够快速完成制作，提高服务效率；在团餐中，预制菜能够实现标准化生产，确保食品质量和口感的一致性；在家庭聚餐中，预制菜则能够为人们节省时间和精力，让家人享受到美味的佳肴。

2. 理性之菜：透明化与消费认知

相较于传统菜品，预制菜更加注重生产过程的透明化和消费认知的普及。消费者可以通过了解预制菜品的来源、加工方式和营养成分等信息，更加理性地选择适合自己的食品。这种理性化的消费趋势推动了预制菜产业的健康发展，也为消费者提供了更加安全、健康的食品选择。

同时，预制菜产业还注重与消费者的沟通和互动，通过举办各种活动和赛事等方式，引导消费者了解预制菜品的优点和特色。这种互动式的消费体验不仅增强了消费者对预制菜品的认知和信任度，也为预制菜产业的发展注入了新的活力。

3. 规范之菜：产业标准的引领者

随着预制菜市场的不断扩大和竞争的加剧，规范化发展成为预制菜产业的重要方向。通过制定和执行严格的产业标准，预制菜产业能够推动自身向着更加规范、有序的方向发展。

在这个过程中，一些具有代表性的预制菜产品如小酥肉等，以其高品质和标准化生产成为了引领行业发展的佼佼者。它们通过采用先进的加工技术和严格的质量控制措施，确保了产品品质的稳定性和安全性。同时，这些代表性产品还通过不断创新和改进，满足了消费者对于口感、营养和便捷性等方面的需求，为预制菜产业的发展树立了良好的榜样。

4. 刚需之菜：顺应市场需求

预制菜作为一种便捷、高效的食品形态，正逐渐成为现代餐饮市场的重要组成部分。随着人们生活节奏的加快和餐饮需求的多样化，预制菜以其独特的优势顺应了市场需求的发展趋势。

首先，预制菜能够满足人们对于便捷生活的追求。在快节奏的生活中，人们往往没有足够的时间和精力去准备繁琐的餐食。而预制菜则能够解决这个问题，让人们在繁忙的生活中也能享受到美味的佳肴。

其次，预制菜还能够满足人们对于健康饮食的需求。随着健康意识的提高，人们对于食品的营养成分和安全性越来越关注。预制菜通过采用新鲜、优质的食材和科学的加工工艺，确保了产品的营养价值和安全性，满足了人们对于健康饮食的需求。

最后，预制菜还能够顺应餐饮业规模化、标准化的发展趋势。随着餐饮业的不断发展，规模化、标准化成为了行业发展的重要方向。预制菜通过实现标准化生产和管理，提高了餐饮业的效率和服务质量，为行业的健康发展提供了有力支持。

5. 专业之菜：科技赋能产业升级

预制菜产业的发展离不开科技创新和专业加工技术的支持。通过强化农产品加工的专业性，预制菜正逐步成为食品行业专业发展的必然趋势。

首先，科技创新在预制菜产业中发挥着重要作用。随着科技的不断进步，预制菜产业在加工工艺、保鲜技术、包装设计等方面取得了显著进展。这些创新技术的应用不仅提高了预制菜品的品质和口感，还延长了产品的保质期和降低了生产成本。

其次，专业加工技术也是预制菜产业发展的重要支撑。预制菜的生产需要专业的加工技术和设备来确保产品的品质和安全性。通过引进先进的加工技术和设备，预制菜产业能够实现标准化、规模化的生产和管理，提高生产效率和产品质量。

此外，预制菜产业还需要加强与其他相关产业的合作与联动。例如，与农业、食品工业、餐饮业等产业进行深度合作，共同推动预制菜产业的创新发展和市场拓展。通过加强产业链上下游的协同合作，预制菜产业可以实现资源共享、优势互补和互利共赢的局面。

二、预制菜：未来的无限可能

随着科技的不断进步和消费者需求的日益多样化，预制菜产业正迎来前所未有的发展机遇。未来，预制菜将在满足人们日常饮食需求的同时，不断推动食品加工业和餐饮业的创新与发展。

1. 合理添加：追求自然与健康

在预制菜的生产过程中，合理添加而非滥用添加剂是实现产业可持续发展的关键。通过减少或避免使用防腐剂等化学添加剂，预制菜能够保持其天然、健康的属性，满足消费者对于健康饮食的追求。同时，合理添加也能够提高预制菜品的口感和品质稳定性，延长产品的保质期和食用安全性。

为了实现合理添加的目标，预制菜产业需要加强研发和创新力度。通过开发新型天然防腐剂、抗氧化剂等替代品，降低对化学添加剂的依赖程度。同时，加强对原料质量和加工工艺的控制和监督，确保预制菜品的品质和安全性。

2. 冷链保障：确保新鲜与品质

提高冷链建设和保障水平对于确保预制菜的新鲜度和品质至关重要。通过运用速冻隧道、冷藏车等先进设备和技术手段，可以有效保障预制菜在运输和储存过程中的温度稳定性和品质一致性。

在冷链保障方面，预制菜产业需要建立完善的冷链物流体系和管理制度。通过优化运输路线和减少转运环节等方式降低温度波动对预制菜品质的影响。同时加强对冷链物流环节的监控和管理，确保预制菜在整个流通过程中的品质稳定性和安全性。

此外，预制菜产业还可以通过研发新型保鲜技术和包装材料等方式提高产品的保质期和食用安全性。例如采用真空包装、气调包装等先进包装技术可以有效延长预制菜品的保质期和防止食品腐败变质等问题发生。

3. 需求对比：传统与现代的碰撞

通过对比传统预制菜与现代预制菜在成本、数量、科技等方面的差异，可以清晰地看到预制菜产业的进步和发展趋势。传统预制菜往往以价格低廉、数量充足为主要特点，但在品质、口感和安全性等方面存在不足。而现代预制菜则注重高品质、健康营养和便捷性等方面的提升，以满足消费者对于多样化、高品质食品的需求。

在需求对比中，预制菜产业需要不断调整和优化产品结构和服务模式。通过深入了解消费者需求和偏好变化等信息，预制菜企业可以推出更加符合市场需求的产品和服务。同时加强与餐饮业的合作与联动，共同推动预制菜产业的创新发展和市场拓展。

4. 效率更高：提升餐饮效率

预制菜加工的程序化和高效化能够显著提高餐饮业的效率和服务质量。通过采用先进的加工技术和设备以及优化生产流程和管理模式等方式，预制菜企业可以实现快速、高效的生产和配送服务。这不仅可以降低餐饮业的成本和提高效率还可以确保食品品质和口感的一致性满足消费者对于高品质餐饮服务的需求。

在提升效率方面预制菜产业需要加强技术创新和人才培养等方面的工作。通过引进先进的加工技术和设备提高员工的技能水平和管理能力等方式预制菜企业可以不断提升自身的生产效率和竞争力。

5. 肉素结合：创新引领未来

荤素搭配的预制菜创新不仅满足了人们对于多样化饮食的需求，也符合未来肉食发展的必然趋势。通过采用先进的烹饪技术和加工工艺以及选用优质原料等方式，预制菜企业可以推出更加健康、营养和美味的肉素结合产品满足消费者对于高品质、健康饮食的追求。

在肉素结合方面预制菜产业需要加强研发和创新力度不断推出新品种和新口味满足消费者的需求变化。同时加强与农业、食品工业等相关产业的合作与联动共同推动预制菜产业的创新发展和市场拓展。

6. 数字化加工：引领产业变革

数字化技术的应用为预制菜产业带来了前所未有的发展机遇。通过采用数字化技术实现生产过程的智能化、自动化和精准化控制预制菜企业可以提高生产效率和产品质量降低生产成本和减少浪费等问题发生。

在数字化加工方面预制菜产业需要加强技术研发和人才培养等方面的工作。通过引进先进的数字化技术和设备提高员工的数字素养和管理能力等方式预制菜企业可以不断提升自身的数字化水平和竞争力。

同时预制菜产业还需要建立完善的数字化管理系统和信息平台实现生产、销售、物流等各个环节的信息化管理和数据共享。这不仅可以提高预制菜企业的管理效率和决策水平还可以为消费者提供更加便捷、个性化的服务体验。

三、预制菜产业的挑战与机遇

尽管预制菜产业前景广阔，但仍面临一些挑战和问题。如何解决这些问题，推动产业的健康发展，是摆在我们面前的重要任务。

1. 直面困难：应对产业挑战

预制菜产业在发展过程中面临着诸多挑战，如猪肉系列预制菜化的丰富多样性、消费覆盖率的提升、消费认可度的提高等。为了解决这些问题，产业需要采取一系列措施。

首先，针对猪肉系列预制菜化，产业可以通过研发新口味、新做法等方式，挖掘消费者的潜在需求，提高产品的多样性。同时，加强与餐饮企业的合作，推动预制菜在更多场景中的应用。

其次，为了提高消费覆盖率，产业需要加大宣传力度，普及预制菜的知识和优点。通过举办品鉴会、推广活动等形式，吸引更多消费者尝试和接受预制菜。

最后，为了提升消费认可度，产业需要注重产品质量和口感的提升。通过采用优质原料、改进加工工艺等方式，提高预制菜的品质和口感，满足消费者的期望。

2. 研发创新：解决技术难题

预制菜产业在技术创新方面仍面临一些难题，如动态净化、返鲜如初等关键技术的突破。为了解决这些技术难题，产业需要加强研发和创新力度。

首先，针对动态净化技术，产业可以研发更加高效、环保的净化设备和工艺，降低预制菜生产过程中的污染和有害物质残留。中国预制菜动态净化见图4-1。

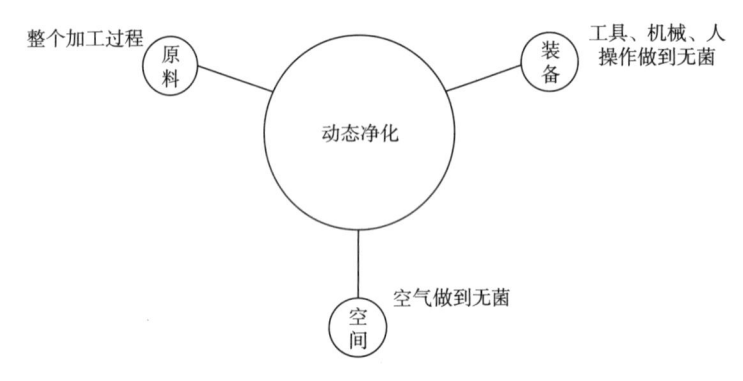

图4-1 中国预制菜动态净化

其次，为了实现返鲜如初的效果，产业可以探索采用新型保鲜技术和包装材料，延长预制菜的保质期和口感稳定性。同时，加强对原料处理和加工工艺的研究，提高预制菜的新鲜度和风味。中国预制菜返鲜如初优势见图4-2。

最后，预制菜产业还可以借鉴其他领域的先进技术，如人工智能、大数据等，推动产业的智能化和数字化转型。通过引入智能设备、建立数据分析平台等方式，提高生产效率和产品质量，满足消费者的个性化需求。

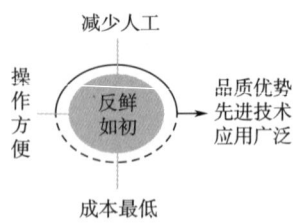

图4-2 中国预制菜返鲜如初技术优势

四、解决销售：开拓市场新空间

预制菜产业的销售环节是确保产业持续发展的重要一环。为了开拓市场新空间，需要从多个方面入手，包括引导消费、动消等方式，以及建立单品话语权。

1. 引导消费

引导消费是预制菜产业开拓市场的重要手段。通过广告宣传、推广活动、品鉴会等方式，向消费者普及预制菜的知识和优点，提高消费者对预制菜的认知度和接受度。同时，针对不同消费者群体的需求和偏好，推出符合其口味和需求的预制菜产品，从而吸引更多消费者尝试和购买预制菜。

2. 动消方式

动消方式是指通过促销活动、打折优惠等方式，刺激消费者的购买欲望，提高预制菜产品的销售量。可以通过线上线下的促销活动，如限时优惠、满减活动、赠品等方式，吸引消费者的注意力，促进他们购买预制菜产品。

3. 建立单品话语权

建立单品话语权是提升预制菜产业竞争力的重要手段。通过打造具有独特风味和品质保障的预制菜单品，形成品牌效应和口碑传播，提高单品在市场上的影响力和竞争力。同时，加强产品研发和创新，不断推出新品种和新口味，满足消费者的多样化需求，进一步提升单品话语权。

通过以上措施，可以有效拓展预制菜的销售渠道和市场空间，推动预制菜产业的健康发展。同时，预制菜企业也需要不断提升产品质量和服务水平，加强品牌建设和市场推广，提高消费者对预制菜产品的信任度和忠诚度。

五、影响预制菜产业的关键因素

预制菜产业的发展受到多种因素的影响，其中温度、加工工艺和消费者体验是几个重要的关键因素。

1. 温度控制：确保品质稳定

温度是影响预制菜品质稳定的关键因素之一。从常温到加工过程中的中心温度控制，都需要严格控制，以确保预制菜产品的品质和安全。合理的温度控制可以有效延长预制菜的保质期和食用安全性，避免产品变质和细菌滋生等问题。

2. 加工工艺：提升产品品质

加工工艺是影响预制菜产品品质的重要因素。加工时间、环境和特殊处理等因素都会对预制菜的品质产生影响。通过优化加工工艺和细节处理，可以最大限度地保持预制菜的新鲜度和口感，提高产品的品质和竞争力。

3. 消费者体验：决定市场成败

消费者体验是决定预制菜产业市场成败的关键因素。即食性、消费可视化、体验溢价等因素直接影响着消费者的购买决策。预制菜企业需要注重提供优质的消费者体验，如便捷的购买渠道、完善的售后服务等，以吸引更多消费者选择预制菜产品。

综上所述，预制菜产业的发展受到多种因素的影响，包括温度、加工工艺和消费者体验等。为了推动预制菜产业的健康发展，需要关注这些关键因素，并采取相应的措施加以控制和优化。同时，预制菜企业也需要加强技术创新和产品研发，提高产品质量和服务水平，以满足消费者的需求和期望。

第五章　中国调味品行业的沉没成本

一、调味品沉没成本的定义与现状

沉没成本，具体指的是那些与当前或未来产品销售无直接关联，但已经发生的投入，包括固定资产、变动资产、资金、时间、精力等（图5-1）。在调味品行业中，这些成本的形成可能源自多个方面，如新厂的建设、项目的扩张、盲目的参展决策、无效的社交活动等。根据2023年的最新数据，固定投资、盲目参展、重复行为和无效社交等是调味品行业中沉没成本的主要来源。这些成本不仅占用了企业大量的资源，还可能对其长期发展产生负面影响。2023年中国调味品行业发生沉没成本状况见图5-2。

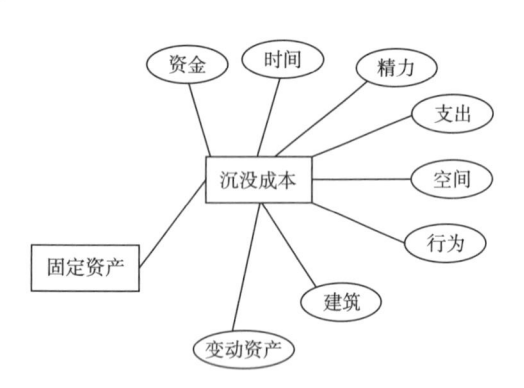

图 5-1　中国调味品行业沉没成本 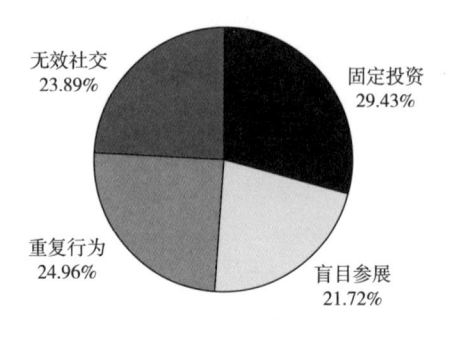　　　图 5-2　2023年中国调味品行业发生沉没成本状况

二、调味品沉没成本的特点与趋势

调味品行业的沉没成本具有鲜明的特点与不断演变的趋势。这些成本一旦投入，就难以挽回，给企业运营带来了严峻的挑战。因此，调味品企业在日常运营中必须高度警觉，审慎决策，以防止无谓的损失。同时，沉没成本的不可回收性使企业在制定策略时陷入困境，要求企业在每一个决策环节都需谨慎行事，以免陷入无法自拔的境地。

此外，一些信息和资源投入一旦确定，就转变为沉没成本，对调味品产业的竞争格局产生深远影响。这就要求企业对这些既定事实保持清晰的认知，并根据市场变化及时调整策略。值得注意的是，基于透支消费或错误的市场判断所做出的决策，往往会导致沉重的沉没成本。因此，调味品企业在进行市场分析和预测时，应保持冷静和理性，避免盲目跟风或冲动决策。

随着市场竞争的加剧和行业的快速变革，调味品行业中的沉没成本呈现出加速增长的趋势，尤其在各类行业展会和论坛中表现得尤为明显。然而，令人鼓舞的是，随着行业的不断发展和策略的持续调整，调味品企业对沉没成本的管理正在逐步走向成熟和优化。这一趋势预示着行业在有效管理资源、提升竞争力和实现可持续发展方面正取得积极进展。

三、避免调味品沉没成本的策略

①聚焦"鲜"主题：调味品企业应通过项目化、公司化、产业化等方式，聚焦"鲜"主题，推动

产品和服务的创新，从而减少不必要的投入和沉没成本。

②整合全消费链：解决农产品的上下游问题，通过整合和优化全消费链，提高资源利用效率，降低沉没成本。

③坚持人在树在精神：调味品产业应强调责任和担当，坚持做好产品，以高质量的产品赢得市场，减少因产品质量问题而产生的沉没成本。

④健康消费引领：将健康消费作为调味品产业的发展方向，满足消费者的健康需求，降低因市场变化而产生的市场风险，从而减少沉没成本。

⑤新型工业化道路：推动调味品产业走新型工业化发展道路，通过技术创新和产业升级，提高产业的效率和竞争力，降低沉没成本。

四、合理应对调味品沉没成本

沉没成本的存在对调味品产业的不利影响主要体现在资源浪费、效率低下等方面，这些成本可能导致企业负担加重，影响其长期发展。然而，沉没成本也可以促使企业更加注重资源优化、提高竞争力等方面的工作。通过深入分析和有效管理沉没成本，调味品企业可以更加明确自身的优势和劣势，从而制定更加合理的发展策略。

总的来说，调味品行业的沉没成本是一个复杂而重要的问题。只有深入理解其特点、趋势和影响因素，才能找到有效的应对策略，推动产业的健康、可持续发展。未来，随着市场的不断变化和行业的持续发展，调味品企业需要不断调整和优化自身的战略和管理模式，以更好地应对沉没成本带来的挑战和机遇。

五、开启未来：调味品行业的革新与前行

调味品行业作为中华美食文化的重要组成部分，承载着满足消费者味蕾、提升饮食品质的重要使命。然而，随着市场的不断变化和消费者需求的升级，调味品行业也面临着前所未有的挑战。为了应对这些挑战，我们必须进行深入的思考和探索，以全新的视角和策略来推动行业的革新与发展。

1. 群众力量与盲返破局

①群众力量的挖掘：在调味品市场中，消费者是真正的"主角"。他们的需求、喜好和选择直接影响着市场的走向。因此，挖掘群众力量，了解消费者的真实需求，是调味品企业成功的关键。通过市场调研、数据分析等方式，企业可以更准确地把握消费者的口味变化、健康需求等，从而推出更符合市场需求的产品。

②盲返销售技巧的引入：盲返，作为一种新型的销售模式，为调味品企业提供了突破传统的新路径。它打破了传统的价格竞争模式，通过直接让消费者受益，实现消费升级的革命性重塑。在这种模式下，消费者不仅能够获得优质的产品，还能享受到更多的实惠和惊喜。这不仅有助于提升消费者的购物体验，还能激发市场的活力，推动行业的持续发展。

2. 新共识与破局新力

①新共识的达成：调味品行业的发展需要各方的共同努力。企业、政府、行业协会等各方应该达成新的共识，共同推动行业的健康发展。这种共识应该包括对行业发展趋势的认同、对市场规则的遵守、对消费者需求的尊重等。只有形成强大的合力，才能推动调味品行业迈向新的高度。

②破难新力的激发：在调味品行业的发展过程中，会遇到各种困难和挑战。面对这些困难，我们需要激发破难新力，用创新的力量去解决问题。这包括技术创新、产品创新、市场创新等多个方面。通过不断创新，我们可以打破行业的瓶颈，实现行业的突破和发展。

3. 数据破卷与破解消费乏力

①数据的力量：在当下这个数据为王的时代，数据已经成为决策的重要依据。调味品企业应该充分利用数据资源，通过数据分析来指导产品的研发、生产、销售等各个环节。这样不仅可以提高决策的准确性和效率，还能帮助企业更好地把握市场脉搏，实现精准营销。

②破解消费乏力：随着消费者口味的多样化和健康意识的提高，调味品市场面临着消费乏力的挑战。为了应对这一挑战，我们需要通过创新和变革来激发市场的活力。这包括推出更加健康、营养、美味的产品，提升产品的附加值和竞争力；同时，也需要加强品牌建设和营销推广，提高消费者对品牌的认知度和忠诚度。

4. 正能立业与共谋未来

①正能量的传递：在调味品行业中，我们应该传递正能量，为企业家、员工和消费者提供积极向上的精神支持。通过鼓励创新、表彰优秀、分享成功经验等方式，我们可以激发行业的活力和创造力，推动行业的持续发展。

②谋划行业的未来：面对未来，我们应该有远见卓识，为行业的未来发展做好规划和布局。这包括关注行业发展趋势、研究市场需求变化、推动技术创新等。同时，我们也需要加强行业合作与交流，共同应对行业面临的挑战和机遇。

5. 营养创新指导创业

①营养需求的满足：随着消费者对健康饮食的关注度不断提高，营养需求成为调味品行业发展的重要趋势。因此，我们应该以满足消费者的营养需求为出发点，推动产品的创新和升级。通过研发更加健康、营养的产品，我们可以满足消费者的需求，提升产品的竞争力。

② 营养创新指导创业：对于创业者来说，营养创新是一个重要的指导方向。通过关注营养需求的变化和趋势，创业者可以发掘新的市场机会和商业模式。例如，开发针对特定人群（如健身人士、老年人等）的营养调味品，或者推出具有独特营养功能的新产品等。这些创新点可以为创业者提供新的思路和方向，推动行业的创新和发展。

总之，在调味品行业的发展过程中，我们需要以全新的视角和策略来审视和应对行业的挑战和机遇。通过挖掘群众力量、激发破难新力、利用数据资源、传递正能量以及关注营养创新等方式，我们可以推动行业的持续发展和创新升级。同时，我们也需要保持开放和包容的心态，积极拥抱变化和挑战，共同迎接更加美好的明天。

罗迪波尔提供全球更加有价值的火锅底料解决方案

"新鲜"就找罗迪波尔

成都市罗迪波尔机械设备有限公司是全球领先的食品物理保鲜包装技术的创新者，也是一家集保鲜包装设备的研发、生产、销售及服务于一体的国家高新技术企业。公司自主研发的热成型拉伸膜包装机、预制盒气调包装机、真空贴体包装机均已达到国际先进水平，广泛应用于生鲜、熟食、水产品、果蔬、烘焙、休闲食品、医疗等相关行业和领域。

空间动态净化、新鲜物料无菌、Na＋适口性好、含20％水的火锅底料POV和AV不发生改变、常温包装无菌、货架期足够长保证B端和C端供应链需求。

成本低、效率高、浪费少，一流的合作方式推进您在产业的地位，更高维度、更合理装备、更清晰的未来。

超级期待，不断惊喜等着您！

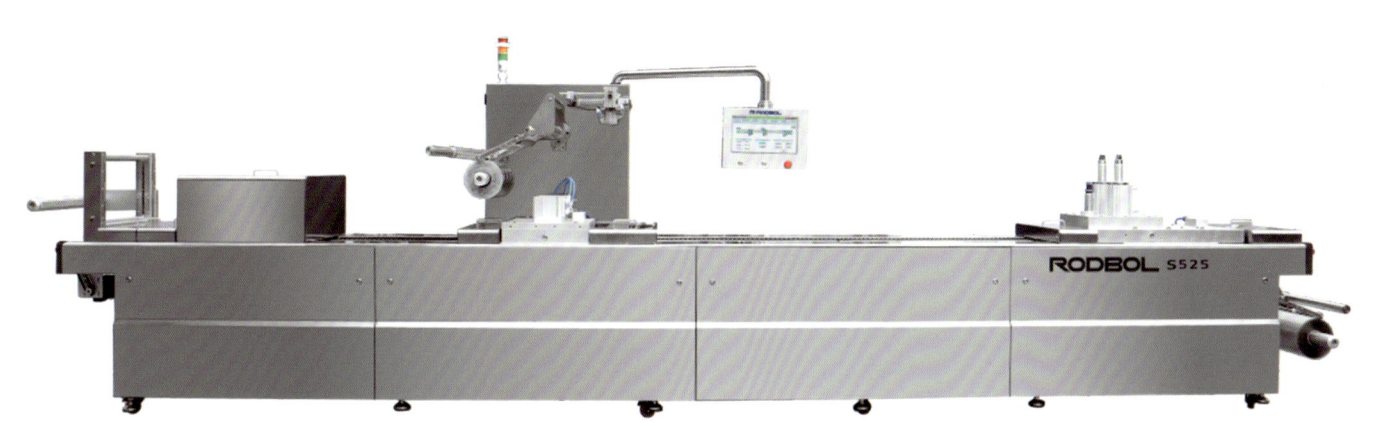

热成型拉伸膜包装机RS525

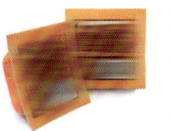

包装效果

成都市罗迪波尔机械设备有限公司
网址：www.rodbol.com
联系电话：17360102974　　028-87848603
销售地址：成都市郫都区德源镇郫温路299号创客公园7栋

扫一扫关注我

中国鲜．为世界

四大硬核新型工业化和新质生产力

★ 孵化
"鲜"中心，吸纳全球100+院士等顶级资源，拥有一流的园区规划，园区资源全国共享，并逐步得到完善和提升。

★★ 民生检测
世界级重金属检测，以全球标准为抓手，推动整个园区及地区实现透明化消费，政府科学管理，企业节约成本。

★★★ 装备智能化
将优势装备与科技现场组装生产线试运行相结合，融入数字化与产业化进程，并解决实际问题，吸引100+一流公司入驻共享。

★★★★ "鲜"体验
智慧食堂是整个园区和地区的日常消费、销售、展览、交流、分享等活动的重要场所。携手京东，展望'梦之蓝'，致力于服务全人类，并引领宿迁走向全球鲜食产业的前沿。这展现了大国的雄心壮志，也是我们名正言顺地打造'生态大公园'标杆的重要体现。

宿城区食品产业园区管委会

硬核发布邀您共享财富热线：18851590081　0527-80511689